Franz Joseph Schwoy

Kurzgefasste Geschichte des Landes Mähren

Franz Joseph Schwoy

Kurzgefasste Geschichte des Landes Mähren

ISBN/EAN: 9783743652996

Hergestellt in Europa, USA, Kanada, Australien, Japan

Cover: Foto ©ninafisch / pixelio.de

Weitere Bücher finden Sie auf **www.hansebooks.com**

Kurzgefaßte Geschichte des Landes Mähren.

Vom Verfasser der topographischen Beschreibung Mährens.

Brünn,
gedruckt bei Joseph Georg Traßler,
Buchdrucker, Buch= und Kunsthändler.
1788.

Seinen
nach Stand und Würde verehrten
und geliebten
Vaterlandsgenossen
geeignet
vom

Verfasser.

Vorbericht.

Diese kurze Geschichte war bestimmet, nicht für sich allein, sondern in der im vorigen Jahre zu Prag herausgekommenen topographischen Beschreibung Mährens unter dem Einleitungsartikel Landesgeschichte zu erscheinen. Aber der vom Verfasser ganz unterschiedene Herausgeber derselben fand sie für einen bloßen Nebenartikel viel zu weit-

weitläuftig, und aus Gründen, die er zum Theile an ihrer statt daselbst anführet, zum Theile aber nicht sagen wollte, für gut — lieber ganz wegzulassen.

Indessen ist der Verfasser, und sind mit ihm mehrere Kenner einer anderen Meinung. Sie finden in der That nicht — wie am berührten Orte angemerkt ist — daß schon so öftere Auszüge der mährischen Geschichte erschienen seyen, Büsching hier zureiche, und Liebhaber derselben — die wahren Geschichtforscher ausgenommen, die ihr in den Quellen nachzuspüren, Willen, Muße und Gelegenheit haben — sich in schon vorhandenen Büchern erholen können; und glauben vielmehr, daß es immer noch an einer dem größeren Theile angemessenen kurzen Geschichte — besonders in deutscher Sprache — fehle.

Ob

Ob diesem Mangel noch so bald abgeholfen werden dürfte, ist ungewiß. Jetzt wenigstens weiß man Niemanden, der daran im Zusammenhange Hand anlege, und die eben nach und nach von zween Ordensmännern der frommen Schulen zu Kremsier herauskommende Historia Moraviæ scheint der Sprache nach nur für Gelehrte, nicht aber für Jedermann geschrieben zu seyn.

Diese Betrachtungen scheinen die Ausgabe dieser gegenwärtigen kurzen Geschichte zu rechtfertigen, und zeigen zugleich die Absicht des Herausgebers an, jedem Mährer eine kurze, wohlfeile, die wichtigsten Revolutionen enthaltende Geschichte seines Vaterlandes, die bisher der Tausendste fast gar nicht kennt, in die Hände zu liefern; und sowohl er als der Verfasser ist weit entfernt zu glauben, daß die Ausarbeitung eines

nes vollständigeren Werkes dadurch entbehrlich geworden sey.

Nur wenige Bemerkungen dürften über gegenwärtige Arbeit noch nöthig seyn. Der Verfasser ist hierin wohlbedächtig — wenige Stellen ausgenommen, dem — einige neuere mögen sagen, was sie wollen, doch — um die Geschichte Mährens ungemein verdienten Peſſina gefolget. Ist es auch an dem, daß die Kritik ein und anderes einzelne Datum seitdem genauer in Richtigkeit geſetzt hat; so wird doch darum, und daß hier die ältere weniger geprüfte Meinung beibehalten worden, die Absicht des Verfaſſers nicht verfehlet seyn, indem er nicht für Selbstforscher schreibt, und über kleine Nebenumstände, an denen nicht so viel gelegen ist, nicht ängſtlich seyn darf.

Wich-

Vorbericht.

Wichtigere Epochen sind etwas weitläuftiger als das Ganze überhaupt behandelt; und die neueste Zeitgeschichte, die ohnedem jedem jetzt Lebenden in gutem Angedenken ist, ist darum nur ganz kurz übergangen.

Mehr von der Geschichte der Sitten, der Gewohnheiten, der Gesetze, der Industrie, der Gelehrsamkeit, des Fleißes, der Kultur und anderer Umstände unserer Vorfahren anzuführen, gestattete der enge, nur Hauptbegebenheiten geeignete Raum dieses Werkchens nicht; und dieses muß allerdings in den nach und nach herauskommenden einzelnen Abhandlungen und Werken unserer rühmlich bekannten Monse, Voigt, Dobrowsky u. a. m. nachgesucht werden.

Uiberhaupt will der Verfasser diese seine Arbeit für mehr nicht als einen

einen zu seiner topographischen Beschreibung Mährens geeigneten Einleitungsartikel angeben; und so mag sie dann auch nur in dieser Eigenschaft als ein Nachtrag zu jener erscheinen.

Geschrieben den 10ten Heumonat, 1787.

Kurze Geschichte
des
Landes Mähren.

Vor den Markomannen.

So viel aus dem dunklen Alterthume zu erforschen ist, so waren einige Jahrhunderte vor der christlichen Zeitrechnung die Osen, ein Volk, das von Osten hieher gezogen war, und von den Päonen abstammte, Bewohner der Gegenden um den heutigen Marchfluß. Um das Jahr 114 vor Christo wurden sie von den aus dem heutigen Jütlande auswandernden Zimbern überzogen; allein sie zwangen solche, sich nach Pannonien zu wenden,

von

von wannen aus sie in folgenden Jahren in Welschland übergiengen.

Nachdem diese aber von den alten Inwohnern glücklich abgetrieben waren, folgten bald andere. Die Sueven, ein zahlreiches Volk, das seine Sitze um den Ausfluß der Elbe und an dem baltischen Meere hatte, zogen stark in die mittägigen Gegenden aus. Die Bojen, an welche sie zuerst kamen, trieben sie zwar ab; aber sie setzten sich um die Riesengebirge, und breiteten sich von da sowohl in die schlesischen Ebenen, als in den heutigen Königgrätzer und Bunzlauer Kreis in Böhmen aus, von da aus sie die Osen so vielfältig überfielen, daß diese jenen endlich einen Theil des Landes bis an das Wasser Duria (jetzt March) überließen. Aber bald griffen die Sueven weiter, unterdrückten die alten Inwohner, und bemächtigten sich des ganzen Landes.

Da sie mit Besitznehmung von diesen Gegenden die äußersten Grenzen Deutschlandes gegen Pannonien und Sarmatien inne hatten, so nahmen sie davon den Namen an, und nannten sich von dem Worte Mark, welches eine Grenze heißet, Markmänner oder Markmannen; und davon bekam auch das Land selbst samt dem Hauptflusse seine Benennung. Die in dem sudetischen oder Riesengebirge zurückgebliebenen nahmen den Namen Hermunduren an; die in Niederschlesien Sitze bekamen, hießen Ligier; und die Bewohner Oberschlesiens nannten sich Quaden.

Unter den Markomannen.

Die verdrängten Ofen machten einen Versuch, ihre vorigen Besitzungen wieder zu erlangen. Sie verbanden sich mit den benachbarten Sarmaten und Daciern, bewogen auch die Bojen dazu, daß sie gemeinschaftlich die Markomannen wieder abzutreiben unternahmen. Aber diese mit Hilfe der Ligier und Quaden schlugen erstere in die Flucht, während daß die Hermunduren den Bojen in ihr Land gefallen waren, und sie zwangen, sich selbst zu vertheidigen. Darüber entstand ein Krieg zwischen den Markomannen und den Bojen, welche die Dacier zu Bundesverwandten hatten, der zweifelhaft geführt, und endlich durch Vermittlung des Ariovist, Königs der deutschen Sueven, beygelegt ward.

Bárebist, der König der Dacier, hatte selbst mit dem Ariovist ein Bündniß wider die Römer eingegangen. Aber unter dem Scheine der Freundschaft und des Schutzes suchte er nach dem Tode des Ariovist nur die Markomannen und andere Sueven zu unterdrücken, wobey ihm die Bojen unter ihrem Könige Kritasier, die Sarmaten, Jazigen, Bastarnen und übrigen Ofen treulich halfen. Die Markomannen und Quaden merkten diese Absicht zeitlich, griffen zu den Waffen, und da sie von anderen Sueven aus dem inneren Deutschlande Beystand erhielten, so schlugen sie ihre Unterdrücker zu verschiedenen Malen, und

zwan=

zwangen sie, in ihre alte Sitze zurückzukehren. Um auch für die Hinkunft von Seiten der Dacier weniger zu besorgen zu haben, so verbanden sich die Markomannen bald nach diesen erhaltenen Siegen mit den in dem nahen Pannonien und Norikum sich schon weit ausbreitenden Römern.

Durch dieses Bündniß gestärket, beschlossen die Markomannen, angeführt von Marobud, ihrem Könige, der 70000 streitbare Männer in Waffen stellen konnte, die feindlichen Bojen, noch ehe sie sich nach der ihnen beygebrachten Niederlage erholen möchten, zu unterjochen, oder aus ihrem Lande zu vertreiben. Sie führten diesen Vorsatz im achten Jahre vor der christlichen Zeitrechnung aus. Die Bojen überließen dem Marobud ihr Land, und ließen sich in dem damaligen Norikum und Vindelicien nieder, wo hernach das bojoarische Reich entstand, dessen Uiberrest das heutige Bayern ist.

Marobud war nach der Einnahme des Bojenlandes (in dessen Hauptstadt Bojenheim, das nach ihm Marobudum genannt ward, und das heutige Prag seyn soll, er seinen Sitz nahm) da er nebst den Markomannen und Quaden auch von den anliegenden Ligiern, Hermunduren, Lemoviern, Burgundiern, Semnonen und anderen Völkerschaften suevischer Abkunft für das Oberhaupt erkannt ward, Herr eines Reiches, welches einen großen Theil des heutigen Hungarns, das diesseits der Do=

nau

nau gelegene Oesterreich, Mähren, Schlesien, einen Theil von Pohlen, Böhmen, Voigtland, Meissen, Lausitz, Thüringen, Sachsen und Brandenburg in sich enthielt, und bey dieser großen Macht, die ihn furchtbar und verehrt machte, ein treuer Freund der Römer.

In dieser letzten Eigenschaft warb er andern deutschen Völkern bald verhaßt. Hermann, der Fürst der Cherusker, welchem nebst andern, sogar einige Sueven selbst, die Semnonen und Longobarden anhiengen, überzog den Marobud mit Krieg, und überwand ihn. Dieser gab seinem Schicksale nach, zog zu den Römern, und lebte bis an sein End, von der Gnade des Kaisers Tiberius, zu Ravenna.

Katwald oder Gottwalt, der Anführer der wider den Marobud aufgestandenen Sueven, selbst ein Markomann, unterfieng sich der Beherrschung des verlassenen Reichs; aber nur die Markomannen allein erkannten ihn. Die Hermunduren und Quaden wählten sich, jedes Volk einen eigenen König. Diese selbst kriegten auch unter einander, bis endlich Gottwalt vertrieben, und Vannius, der König der Quaden, ein Sohn des Thudrus, der sie vor dem Marobud beherrschte, auch die Markomannen unter seinen Gehorsam brachte, und mit Jubilius, der Hermunduren König, seinem nahen Verwandten, ein Bündniß schloß. Hierauf genoß das Land durch dreyßig Jahre, ungefähr die ersten der christ= J. Chr. 1—30.

n. Chr. christlichen Zeitrechnung, eines ununterbrochenen Friedens.

32. Vannius, der gegen das Ende seiner Regierung sich gebieterischer betrug, als es die Freyheitsliebe seines Volkes erdulden mochte, ward diesem endlich auch verhaßt. Jubilius, der Hermunduren König und zween Schwestersöhne des Vannius selbst, Vangius und Sydo, unterstützten die Unzufriedenen, und vertrieben den verhaßten König mit Hilfe der Ligier aus seinem Reiche, worin ihm die beyden letztern folgten. Diese unterhielten mit den Römern gute Freundschaft, nahmen den ins Land zurück kommenden Vannius gütig auf, und hinterließen das Reich, da sie selbst keine Söhne hatten, dessen Sohne Zimber, welchem sein Sohn Thudrus folgte.

Nach dem Tode des Letztern, da kein männlicher Nachkommen aus dem Geschlechte Marobuds und des ältern Thudrus übrig war, überkamen Fremde die Beherrschung der Markomannen, darüber gieng aber auch der bisherige Bund zwischen den Römern und Markomannen zu Ende.

82. Dazu war folgende Gelegenheit: Decebal, der Dacier König, überzog die Römer mit Krieg, und Domitian der Kaiser begehrte von den Markomannen bundesmäßigen Beistand. Diese leisteten ihn nicht, und Domitian ließ zur Rache seine von den Daciern in die Flucht geschlagenen Legionen wider die Markomannen ziehen, von
wel=

welchen sie jedoch ebenfalls zurückgetrieben 3. Chr.
wurden.

Die nachfolgenden Kaiser, Trajan und 98.
Antonin der Fromme, unternahmen gleich= 161.
falls Züge wider die Markomannen, aber
ohne sie zu besiegen. Der König der Mar=
komannen in den Zeiten des letztern war
Warbert oder Herbert.

Sein Nachfolger Markomir brachte 169.
zwischen den verschiedenen Völkern, die von
den illyrischen bis zu den gallischen Gren=
zen saßen, einen allgemeinen wider die Rö=
mer gerichteten Bund zu Stande, den die
Geschichte das markomannische Bündniß
nennet, worunter sie namentlich folgende
Völker zählt: die Quaden, Wenden, No=
risker, Hermunduren, Longobarden, Sue=
ven, Driaden, Heruler, Rugier, Turze=
linger, Gothen, Vindelicier, Latringer,
Buren, Scyrrhen, Halen, Katten, Kar=
pen, Jazigen, Dacier, Geten, Sarma=
ten, Roxolanen, Sikoboten, Bastarnen,
Alanen, Rostoboken und Saboken.

Warbert, der Katten König, der da=
mal in dem innern Deutschlande ein großes
Land beherrschte, war nebst dem Marko=
mir, welchen einige einen König der Si=
kambern nennen, das Haupt dieses Bünd=
nisses.

Das erste Jahr konnten sich die Römer
wegen eingerissener Pest unter ihren Legio=
nen nicht im Felde zeigen; die Verbunde=
nen drangen also durch Pannonien bis an
das heutige Histerreich vor. Aber in dem
fol=

folgenden zog das Heer der Römer, von Antonin dem Weltweisen angeführt, heran; gieng theils bei Karnunt (*) theils bei Lorch über die Donau herüber, und brach in die Markomannie ein. Damal ereignete sich, daß das römische Heer sich in eine Enge gebracht sah, und aus Mangel des Wassers umgekommen seyn würde, wenn ihm nicht ein erwünschter Regen zu statten gekommen wäre, welcher von einem Donner begleitet war, das seine Blitze gegen die Markomannen allein hinschleuderte, worauf diese gänzlich in die Flucht geschlagen wurden. Die Geschichte erzählt diese Begebenheit als ein Wunder, welches die mit dem Heere befindliche zwölfte Legion, die aus lauter Christen bestand, erbeten haben soll.

Der Sieg war vollkommen, und die Markomannen mit ihren verbundenen Quaden mußten sich in das Innere ihres Landes zurückziehen. Doch war kaum der Kaiser abgezogen, als sie sich wieder hervormachten, und in Kurzem selbst in Pannonien einfielen. Der Kaiser zog nochmal gegen sie, aber der Tod übereilte ihn auf dem Zuge, und verhinderte ihn an der Ausführung.

Septimius Severus und Antoninus Caracalla unternahmen ebenfalls Züge wider sie; doch der erste verwahrte nur die Do=

(*) Das heutige Petronell an der Donau zwischen Wien und Preßburg.

Donau durch eingelegte Besatzungen wider ihre Einfälle, und der zweite ließ sich von ihnen mit dargereichten Geschenken zurückweisen.

Bald kam es zu größerem Ernst. Alexander Severus sandte den Julius Maximinus mit einem Heere in Markomannien, mit welchem dieser über die Donau bis in die Mitte des Landes eindrang. Es kam zu verschiedenen Treffen, in welchen die Markomannen zwar nicht ganz besiegt, dennoch sehr geschwächt wurden. (*) Aber auch Julius, indessen selbst zum Kaiser gewählt, zog mit seinem Heere gegen Rom zurück, ohne den Krieg geendet zu haben.

J. Chr. 235. 236. 238.

Hierauf, indessen die Römer in Dacien und anderwärts Kriege führten, genossen die Markomannen einige Jahre lang der Ruhe, die sie sehr nöthig hatten.

Sie fielen aber nach einiger Erholung, mit den Quaden und Sarmaten vereinigt,

256.

B 2 selbst

(*) Noch zu unsern Zeiten, nicht selten, werden in den Weingebirgen bei dem Markte Muschau an dem linken Ufer der Taya von den darin arbeitenden Leuten alte goldene und silberne römische Münzen mit sehr kenntlichem Gepräge der römischen Kaiser des ersten und zweiten Jahrhunderts gefunden, die in sehr vieler Leute Händen sind, und deren schon auch viele in vorigen Jahrhunderten gefunden worden. Sie sind ein Beweis, daß sie um die gegenwärtige Zeit ins Land gekommen, und etwa bey Gelegenheit eines in dieser Gegend geschlagenen Lagers oder vorgefallenen Treffens unter die Erde gerathen seyn mögen.

J. Chr. selbst wieder in die römischen Provinzen Pannonien und Norikum ein. Attalus war König der Markomannen, als Galienus der Kaiser einen Zug wider sie unternahm, um ihnen ihre Eroberungen wieder abzubringen. Aber er fand die Pipara, des Attalus Tochter, so reizend, daß er sie zur Gemahlin nahm; und dann erhielt sein Schwiegervater leicht den Frieden, mit solchem aber auch den ruhigen Besitz der alten Eroberungen. Gebhold, Attals Sohn,

271. führte im Jahre 271 ein Heer der Markomannen, Quaden, Sueven und Sarmaten in Italien, mit welchem er bis Mayland vordrang, diese Stadt einnahm, und in zween Treffen zwey römische Heere schlug. Doch das Glück wandte sich: die Markomannen wurden in Kurzem mit drey Niederlagen hintereinander getroffen, in deren letztern sie auf den Feldern bei Pavia bei 80000 Mann verloren haben, worüber sie Italien ganz räumen mußten, und so sehr an Kräften abnahmen, daß sie sich bald darauf nach dem Verluste ihrer vorigen Eroberungen in engere Grenzen eingeschlossen sahen, und zu eigener Vertheidigung die Sarmaten in Gemeinschaft aufnehmen mußten.

276. Sie wagten im Jahre 276 mit ihren vorigen Bundesgenossen einen nochmaligen Einfall in Pannonien, und drangen bis an

280. Illyrien vor, worin sie sich durch vier Jahre erhielten, bis sie von den Römern wieder zurück getrieben worden.

Unter den Markomannen.

Freymund war ihr König, als Kaiser Diokletian im Jahre 287 erst die Gothen in Niederpannonien, und dann auch die Markomannen und Quaden schlug, welches er nochmal im Jahre 298 that.

J. Chr.
287.

298.

Diesem folgte Osinuch, der mit Adelgarn, der Bojen König, ein Bündniß wider die Römer schloß, mit diesem auch und mit den Sarmaten öftere Einfälle in Pannonien that, jedesmal große Verheerungen anrichtete, und nebst anderm Raube auch viele tausend Menschen in die Knechtschaft davon führte.

Krispus, Constantins des GroßenSohn, bestrafte endlich ihre muthwilligen Streifereien und Verheerungen in zween Treffen; und bald darauf kam Konstantin selbst, der den Rassimed, der Sarmaten König, im Jahre 316 schlug, ihn im zweiten Jahre darnach über die Donau trieb; und da er dadurch noch nicht gebändiget ward, ja wohl gar noch von den Römern Tribut forderte, im Jahre 321 nochmal überwand, und selbst in der Flucht tödtete.

316.
318.

321.

Ungefähr um diese Zeit, oder bald hernach kamen die Wenden unter Wisimar ihrem Anführer aus ihren damaligen Wohnungen, dem heutigen Meklenburg und Pommern, über die Riesengebirge herangezogen, und versuchten, die Markomannen aus ihrem Lande zu verdrängen, welches sie von besserer Beschaffenheit fanden, als jenes, so sie verlassen hatten; aber diese, mit Hilfe der Quaden und Sarmaten, waren

J. Chr. ren so glücklich, und noch mächtig genug, die neuen Gäste abzutreiben, die dann, so wie vormals die Zimbern, in Pannonien abgezogen, wo ihnen von dem Kaiser Konstantin Sitze angewiesen wurden.

356. Mit den Römern bestand indessen der Friede. Jedoch die Sarmaten brachen ihn in einigen Jahren wieder; und an diesem Bruche nahmen die Markomannen und Quaden, als ihre Bundsverwandte, auch Antheil. Ehe diese aber den erstern noch zu Hilfe kommen konnten, waren jene schon geschlagen, und diese fanden unter dem Könige Zizai für rathsam, um Frieden zu bitten, den sie auch erhielten. Die lateinischen Geschichtschreiber nennen nebst Zizai auch den Rumon, den Zinafer und den Fragiled als Unterkönige bey dem Heere der Markomannen und Quaden, und noch zween andere kleine Könige, den Arabar und Usafer, welche ein anderes mit diesen verbundenes Volk anführten, und ihrem Beispiele folgten. Viduar folgte dem Zizai, und ihm Vitridur sein Sohn auf dem königlichen Sitze der Markomannen.

370. Um das Jahr 370 beherrschte sie Gabin, als die Römer an dem linken Ufer der Donau, also selbst in Markomannien, Befestigungen errichteten, und mit römischen Besatzungen versahen. Darüber giengen die Markomannen und Quaden zu Rath, und befanden, daß sie sich diese Gewalt vom Halse schaffen, oder unterdrückt zu werden besorgen müßten. Sie mahnten demnach

durch

durch Abgeordnete den römischen Befehls- J. Chr.
haber von dieser Neuerung ab, und droh-
ten Gewalt zu brauchen, wenn sich die Römer nicht jenseits dem Fluße halten würden.
Dieser gab den Gesandten gute Worte und
Hoffnungen, und lud durch sie den König
zu sich nach Karnunt ein, wo er zwar,
als er ohne Besorgniß einer Arglist dahin
kam, mit vieler Ehre aufgenommen, und
mit einem großen Gastmahle beehrt ward;
als er sich aber davon kaum in dem ihm
angewiesenen Gemache eingefunden hatte,
wurde er von einigen bestellten Römern
meuchelmörderisch umgebracht. 373.

Diesen Tod ihres Königs zu rächen, 374.
zogen die Markomannen und Quaden abermal mit einer großen Macht über die Donau, und drangen bis in Jllyrien und
Jstrien, wo sie überall Grausamkeit und
Verheerungen ausübten. Aquileja selbst gerieth beinahe in ihre Hände. Doch mußten sie endlich dem wider sie anziehenden römischen Heere weichen, und kehrten, an der
ausgeübten Rache gesättigt, in ihre Sitze
zurück.

Im folgenden Jahre vergalt Valenti-
nian der Kaiser Gleiches mit Gleichem, überzog das Land der Markomannen und Quaden, und verheerte alles, wo er hinkam.
Er gieng aber bei Anrückung des Winters
wieder über die Donau zurück, und nahm
zu Karnunt die um Friede bittenden Abgeordneten der Quaden und Sarmaten auf,

B 4 über

über deren Vertrag ihn ein Schlagfluß traf, und hinwegnahm.

Die Römer bekamen hierauf mit den Gothen zu thun, und Fridegild, der Markomannen König, vereinigte sich mit den erstern gegen ihre Feinde. Zwar giengen die Gothen nach einer den Römern beigebrachten Niederlage gerade gegen den Fridegild los, allein er schlug sie noch in Pannonien zurück, und erhielt dafür von beiden Kaisern, dem Valens und dem Gratian, den rühmlichen Titel eines beständigen Freundes des römischen Reiches.

Indessen daß Fridegild außer Markomannien siegte, und Ruhm erwarb, erregten zween quadische Fürsten einen Aufstand zu Hause, den der zurückkehrende sieghafte König nur mit vieler Mühe bezwang.

Er bestrafte darauf die Häupter der Aufrührer, und stellte im Lande vollkommenen Frieden her, den es durch mehrere Jahre genoß.

Nach ihm war seine Tochter, auch Fridegild genannt, Königin der Markomannen. Diese verlangte von dem großen Mayländer Bischof Ambros einige christliche Priester, und führte das Christenthum zuerst im Lande ein.

Unter dieser Königin, indem sie sich an die Römer hielt, hatten die noch unter ihrem Scepter stehenden Markomannen steten Frieden. Aber nicht alle Markomannen gehorchten ihr. Einige vereinigten sich vielmehr mit den Quaden und Sarmaten,

in

in deren Gesellschaft sie Feinde der Römer J. Chr.
blieben, und die römischen Provinzen ver=
wüsten halfen. Andere schlugen sich zu den
Vandalen, und zogen mit ihnen durch
Deutschland und Gallien in das heutige
Spanien, wo sie mit diesen ein Volk wur=
den. Noch andere vereinigten sich mit den
Gothen, Gepiden, Sarmaten und Scy=
ren, und unternahmen unter der Anführung
Radegasts einen Zug mit einem Heere von
200,000 Mann in Italien. 405.

Die übrigen nach so vielen Ausziehenden
sehr geschwächten im Lande gebliebenen Markomannen, und mit ihnen vereinigten Sarmaten, waren darauf viel zu ohnmächtig,
der anrückenden Gewalt der Hunnen sich zu
erwehren, und geriethen nach einigem Wi=
derstande unter das Joch des Attila um das
Jahr 444. 444.

Nach Attila's Tode warfen die Markomannen das Joch nochmal ab, und hatten
mit den vereinigten Sarmaten den Chunemund zum König. Unter diesem führten
sie mit dem bis an die Donau herrschenden
Dacier König Ardarich einen glücklichen
Krieg, und fielen nach dessen Endigung in
Pannonien auf Raub aus. Aber kaum kamen sie mit einiger Beute zurück, so über=
fiel sie Valemir, der Ostrogothen König,
schlug sie, und bekam den Chunemund
selbst gefangen.

Es kam aber bald zu einem Vergleich,
durch welchen Chunemund die Freiheit er=
hielt, und nochmal König ward.

Doch

J. Chr.
461.   Doch vergaß er die Wohlthat sines Uiberwinders, überzog Pannonien abermal, und schlug den Valemir in einem Treffen, worin dieser selbst auf dem Platze blieb.

Mit Raub beladen, kehrte Chunemund in sein Land zurück. Der Bruder und Nach-
462. folger des erschlagenen Valomirs, Theodemir oder Ditmar, kam aber in folgendem Sommer mächtig über die Donau herüber, griff die Markomannen öfters an, und brachte ihnen, ob sie wohl von den Sarmaten starken Beistand erhalten hatten, zuletzt dennoch eine gänzliche Niederlage bei, ließ auch nicht eher ab, bis er das ganze Land verheert hatte.

Nochmal unterstanden sich die Besiegten gar im Winter über die gefrorne Donau ihre Feinde zu überziehen; aber sie wurden zurückgetrieben, und in ihr eigenes Land verfolget, wo sie sich nur in den tiefen Gebirgen retteten.

Von dieser Zeit an ist von den Markomannen in der Geschichte keine Meldung mehr, und es ist wahrscheinlich, daß nach Chunemunds Tode die an Macht und Stärke Uiberlegnere mit ihren verbundenen Sarmaten das Reich für sich zu behaupten angefangen; die übrigen Markomannen aber sich entweder zu den Rugiern, die damals bei dem Einflusse der March in die Donau saßen; oder zu den Herulern an dem Innflusse gewendet haben; zum Theil aber auch unter der Beherrschung der Sarmaten geblieben seyn mögen. Und dieses war das Ende

Ende des markomannischen Reiches in J. Chr.
Mähren.

Nach dem Ende des markomannischen Reiches.

Gewiß ist es, daß nach Verlöschung des markomannischen Reiches auswärtige Völker, und zwar Sarmaten oder Slaven sich in diesem Lande niedergelassen, aber ungewiß, ob sie dasselbe bald allein für sich behauptet haben, und nicht etwa erst um das Jahr 526 den Herulern und Longobarden in dem Besitze desselben gefolgt seyn. 526.

Die Meinung, daß Babak, ein Sarmate, und Sohn des Dacier Königs Anthar, der erste slavische König um das Jahr 473 in Mähren gewesen, ist nicht zu behaupten, sondern wahrscheinlicher, daß nach dem Auszuge der hintereinander, einige Zeit im Lande wohnhaft gewesenen Heruler und Longobarden, die Slaven das von den wenigen übrigen alten Bewohnern nicht hinreichend bevölkerte Land bezogen, und darin eine Art von republikanischer Regierung eingerichtet haben.

Diese neue slavische Republik begriff 548.
das vormalige Land der Markomannen und Quaden von der Donau bis an die hercinischen

nischen Gebirge, an den Ursprung der Weichsel, und an die karpatischen Berge, und war der Grund zu dem nachmal entstandenen slavisch-mährischen Reiche.

Ohne auf Erweiterung ihres Gebietes zu denken, trachteten die neuen Bewohner des Landes nur, in ihrem eingenommenen Eigenthume sicher zu bleiben; indessen die Gepiden von den Longobarden aus dem eingenommenen Dacien vertrieben, und nach dem Auszuge der Longobarden nach Italien, die Hunnen oder Avaren, in Dacien und einem Theil Pannoniens mächtig wurden. Der größte Haufen dieses Volks zog sich aber nach und nach ostwärts, und um das Ende des sechsten Jahrhunderts war es den verschiedenen slavischen Völkern leicht, diese drückende Nachbarn zu bändigen, und anstatt ihr Joch zu tragen, sie selbst darunter zu zwingen.

Die kroatischen oder karentanischen Slaven in dem heutigen Kroatien, Krain und Kärnten unter des Samos, eines Franken, Anführung waren die ersten, welche sich die Hunnen unterwürfig machten. Dieser Samo ward nach diesem Siege von den Seinigen, die vorher keinen hatten, zum Könige angenommen, und beherrschte ein großes Volk.

Aber daß auch die mährischen Slaven unter seinem Gebote gestanden seyn sollten, wie einiger Meinung ist, scheint nicht wahrscheinlich, wohl aber, daß diese, mit jenen einerlei Abkunft, in genauem Bündnisse mit Samo

Samo gestanden, ihr Gebiet auch ihrerseits weiter ausgebreitet haben, und erst nach dem Beispiele ihrer unter dem Scepter eines weisen und tapfern Königs glücklich lebenden Bundesgenossen und Freunden ebenfalls einen König anzunehmen, und über sich zu dulden, bewogen worden seyn mögen.

J. Chr.

Unter den slavischen Königen.

Maroth oder Marovod ist der erste König der mährischen Slaven, dessen die Geschichte um das Jahr 690 deutlich erwähnt. Er beherrschte ein sehr ausgebreitetes, blühendes, mächtiges Reich, welches nach einiger Meinung noch über die Theiße hinüber gereicht haben soll, und hatte seinen Sitz zu Vesprin, einer pannonischen Stadt, heute in Niederhungarn gelegen.

Maroth, König.

690.

Nach dessen Tod folgte sein Sohn Swatoff in der Regierung. Zu seiner Zeit kamen die vormals von den Gepiden vertriebenen Hunnen wieder in sieben Heeren in Dacien herangezogen, und setzten sich in dem heutigen, von diesen siebenerlei Heeren und Lägern sobenannten Siebenbürgen.

Swatoff, König.

720.

730.

Der Vornehmste ihrer sieben Heerführer, Arpad, aus dem Geschlechte Attila's, bat den Swatoff einige Zeit hernach durch Abgeordnete um die Erlaubniß, einige wenig

nig bewohnte und ganz öde Gegenden mit seinen Hunnen zu beziehen, und übersandte ihm ein ausgerüstetes Reitpferd zum Geschenke. Kaum hatte Swatoff aber das Gesuch bewilliget, als alle sieben Heere angezogen kamen, und von dem Swatoff die Abtretung des ganzen Pannonien begehrten, welches ihre Vorfahrer mit dem Schwert erobert hatten. Dieser rüstete sich zwar zum Krieg; er fiel aber so unglücklich aus, daß er darüber ganz Niederpannonien verlor, und kümmerlich selbst in das heutige Mähren entkam.

Slavische Könige zu Wellehrad.

Hier richtete Swatoff zu Wellehrad an dem Marchflusse einen neuen königlichen Sitz auf, und warb der erste slavische König in Mähren zu Wellehrad.

Samomir, König. 750. Samomir, ein jüngerer Sohn Baruchs oder Boruths, eines kärntnischen Slaven, war der Nachfolger des Swatoff, und zweiter König zu Wellehrad. Dieser erweiterte die Grenzen seines Reiches gegen die Sitze der Hunnen bis an die Wag und den Granfluß, indessen diese mit den Bayern und Franken zu kriegen hatten.

Er

Er versuchte auch seine Waffen gegen die J. Chr. Slaven in Pohlen, um sie seinem Scep- 760. ter zu unterwerfen, aber vergebens.

Dem Samomir folgte sein Sohn Sa- Samomoslaw. Peßina bringt auch Reginon, slaw, Adelmus und Aimon an: Samoslaw habe 791. Karln dem Großen auf seinem Zuge gegen die Hunnen den Durchzug durch sein Land versagt, und sey darauf von einem Theile des an beiden Seiten der Donau herabzie= henden fränkischen Heeres in der Stadt Wel= lehrad belagert, und zur Ergebung auf die Gnade Karls gezwungen worden. Diese Meinung wollen doch andere durch das Still= schweigen der fränkischen Geschichtschreiber widerlegen, welche eine so herrliche That ihres Königs nicht unangemerkt gelassen ha= ben würden. Karl soll bei dieser Gelegen= heit die Einführung des Christenthums in Mähren zur wichtigsten Bedingniß gemacht haben, unter welcher er dem Samoslaw den Frieden zugestanden hat.

Unter diesem Samoslaw erfolgte der er- 793. ste Einfall der Mährer in Böhmen. Die 794. in den Gebirgen noch vorhandenen Uiber= bleibsel der Hermunduren und Markoman= nen standen den mährischen Slaven bei. Sie drangen erst bis Kaurzim, belagerten diese Stadt, und bekamen sie von dem dortigen Herzoge Horzeslaw auf Bedingnisse ein, die sie nicht hielten, indem sie den Horzeslaw der Augen beraubten. Sie zogen von dannen bis an Prag, wurden aber von den Böhmen sehr übel empfangen, und
ka=

32 Slavische Könige in Wellehrad.

J. Chr. kamen nach einer erlittenen großen Niederlage zurück.

Hormidor, König. Hormidor war der vierte König zu Wellehrad. Unter diesem dauerten die wechselseitigen Einfälle der Mährer in Böhmen, und der Böhmen in Mähren fort. Jene erbauten zu Bedeckung ihres Landes die Stadt

799. Czaslau, und diese die Stadt Jglau und das Schloß Lipnik an den Grenzen. Aber ungeachtet dieser angelegten Festungen drangen die Böhmen, nachdem sie die Mährer vorher geschlagen, und darauf das Schloß Lipnik eingenommen hatten, bis mitten in das Land, und verheerten die ganze Gegend zwischen den Wässern Jgla und Schwarza. Jedoch ward in Kurzem ein Friede zwischen beiden Völkern hergestellet.

Unter der Regierung dieses Königs, und

805. wenn nicht eher, doch gewiß zu gleicher Zeit mit den Böhmen, erkannten auch die Mährer die Macht Karls des Großen. Hor-

811. midor starb im Jahre 811.

Mogemir, König. Mogemir, sein Nachfolger, schloß mit dem Kaiser Ludwig einen Freundschaftsbund, und gestattete auf Begehren dieses Kaisers die Verkündigung des Evangeliums in seinem Reiche. Hirolph, Erzbischof zu Lorch, und Rathfred, Bischof zu Faviana (dem heutigen Wien) gebrauchten sich der Bewilligung dazu; und man hält dafür, daß Mogemir selbst die Taufe angenommen habe.

Er führte erst Krieg mit den Hungarn, dann mit den Pohlen, denen er Krakau ab=

abbrang. Da sich aber diese versammelten, J. Chr. und ihn in einem Treffen schlugen, so gab er ihnen das Eroberte wieder zurück.

Brynno (*) war zur Zeit Mogemirs Beherrscher einiger Theile von Mähren, und zwar um die Gegend von Neutra in dem heutigen Hungarn, und um Brünn, für welcher Stadt Erbauer er von einigen ge- halten wird. Dieser ward von den Seini- gen vertrieben, lebte jenseits der Donau in dem Städtchen Traismauer neun Jahre lang als ein Verbannter, kam aber endlich doch nochmal zur Beherrschung eines Stück Lan- des unter den Karentanischen Slawen. 837.

848.

Rastislaw oder Radislaw folgte dem Mo- gemir um das Jahr 842. Er war der Sohn Letewits, eines Bruders des Moge- mir, der einen Theil Pannoniens und Il- lyriens, besonders aber das Land zwischen der Sau und Drau beherrschet, und schwe- re Kriege mit den Deutschen geführt hatte; und war, nachdem sein Vater von seinen Feinden besiegt, und seines Landes beraubt wor-

Radi- slaw, König. 842.

(*) Peßina läßt Mogemirn, den wir jetzt vor uns haben, den ersten dieses Namens heißen, und den Brynno, seinen Nachfolger, als König seyn; nach dessen Verjagung aber diesem einen zweiten Mogemir auf den königlichen Sitz fol- gen. Die Meinung scheint aber glaubwürdiger: daß Brynno nur einen Theil Mährenlandes un- ter sich gehabt habe; der Mogemir aber, den die Geschichte nach der Vertreibung des Brynno als König anführet, noch immer ebenderselbe sey, der gleich dem Sormidor gefolget ist.

J. Chr. worden, schon um das Jahr 823 zu dem Mogemir entflohen.

Er schloß bald nach dem Antritte der Regierung mit den Hungarn und Dalmaten ein Bündniß, griff die Deutschen an, bemächtigte sich Oesterreichs, und bedrohete Bayern.

844. Aber Ludwig der Deutsche schlug zuerst den Gestimul, König der Dalmatier, in einem Treffen, worin dieser selbst auf dem Platze blieb, und warf darauf auch die Mährer aus Oesterreich hinaus, denen er auf dem Fuß in ihr Land nachzog. Radislaw floh in den östlichen Theil seines Reichs, bewarb sich um neue Hülfe, die er auch von den Hungarn und Pohlen erhielt; und brachte, während die Deutschen den Winter unthätig vorbeistreichen ließen, abermal ein Heer zusammen. Ludwig hatte inzwischen zwar das Land verheeret, gewährte aber dem Radislaw, dessen neue Macht er vielleicht scheute, der es aber selbst auch nicht auf

845. ein Treffen ankommen lassen wollte, dennoch den Frieden. Nach einiger Meinung war eine der Bedingnissen derselben, daß Radislaw sich taufen lassen sollte.

855. Der Zwist zwischen Ludwig dem Deutschen und den Söhnen Lothars des Kaisers schien dem Radislaw eine gute Gelegenheit zu seyn, einen Theil Oberpannoniens wieder an sich zu bringen. Er fiel in dieser Absicht in Oesterreich ein, und die Hungarn und Pohlen standen ihm wieder bei. Doch trieb ihn Ludwig bald wieder zurück,

und

und kam nochmal in Mähren herein, wo er zwar große Verheerungen anrichtete, aber auch, ohne sich an ein festes Ort oder ein Treffen zu wagen, in Oesterreich zurückgieng.

Radislaw nahm hierauf den Slawata, einen von Ludwig aus Böhmen vertriebenen Herzog zu Satz, in seinen Schutz, und schloß, um sich gegen die Deutschen in Verfassung zu setzen, mit dem damals schon christlichen Könige der Bulgaren, Michael, und den Herzogen in Pohlen und Reußen ein Bündniß gegen sie. Karlmann, Ludwigs Sohn, zog dann mit einem deutschen Heere auf den Radislaw los; kam, da er es mit Gewalt nicht konnte, endlich mit List über die Donau, und lieferte seinem Feind ein Treffen, das nur die Nacht unterbrach, und worin beide Heere sehr viel verloren, keines aber siegte. Ein Stillstand folgte darauf: bald aber machte Hunger und Pest dem ganzen Krieg ein Ende, und die Deutschen giengen in Oesterreich zurück.

Um diese Zeit kamen Cyrill und Methodius aus dem Orient, tauften den König samt den meisten Großen des Reichs, und führten das Christenthum im ganzen Lande ein. Sie errichteten den bischöflichen Sitz zu Wellehrad im Jahre 861.

Im Jahre 863 begann der unruhige Radislaw den Krieg abermal, und fiel mit seinen Bundsverwandten, den Bulgaren, in Oesterreich aus. Karlmann zog nochmals gegen diese Feinde, und trieb sie über die

J. Chr. Donau: aber er selbst setzte nicht darüber, sondern es kam zu Friedenshandlungen, die doch wegen zu unmäßiger Forderung des Radislaw, der ganz Oberpannonien abgetreten haben wollte, nicht zu Stande kamen.

864. In folgendem Jahre kam Ludwig der Deutsche selbst mit zwei großen Heeren wider den Radislaw angezogen, denen dieser nicht gewachsen war. Er verließ Wellehrad, und zog seinen Feinden bis Kostel entgegen, in welchen Ort er sich warf, und wo er sich zur äußersten Gegenwehr fertig machte.

Er that sie auch, und bewog den Ludwig, ihm einen Frieden zuzustehen, worin unter andern bedungen warb, daß die Deutschen an dem linken Ufer der Donau zwo Festungen zu errichten befugt seyn sollen.

Hierauf zog Ludwig ab, nachdem er den Bau dieser Festungen vorgekehrt hatte, welche nach einiger Meinung die heutigen Städte Stein und Korneuburg seyn sollen.

Im nämlichen Jahre kam Borziwog, der Böhmen Herzog, an des Radislaws Hof, und nahm mit seinem Geleite die Taufe an, worauf das Christenthum auch in Böhmen eingeführt warb.

868. Im Jahre 868 nahm Radislaw den Swatopluk, einen Sohn seines Bruders Bogislaw, zum Nachfolger und Reichsgehilfen an, und brachte einen neuen Bund mit den Böhmen und Soraben zu Stand, mit deren Beistand er einen neuen Versuch gegen die neuerbauten Städte der Deutschen an der Donau machte. Dieses war die Losung

sung zu einem für Mähren sehr verderblichen J. Chr.
Kriege. Ludwig sandte seine drei Söhne
gegen diese drei Feinde, und Karl, der dritte aus ihnen, kam mit zwei Heeren gegen 869.
die Mährer in Oesterreich angezogen. Diese, zu denen Gundaker, ein Herzog der
Kärntner, von der Seite Ludwigs übergegangen war, belagerten anfänglich die Stadt
Tulln, und verheerten ganz Oesterreich.
Bald kamen aber dem Karl mehrere Völker
aus Frankreich und Bayern zu Hilfe, und
die Mährer wurden zweimal hintereinander
geschlagen. Radislaw hob nach diesem Verluste die Belagerung von Tulln auf, und
zog in Mähren zurück, wo ihn bald ein
neuer Feind, der mit den Böhmen und
Soraben fertig gewordene Karlmann mit
einem frischen Heere angriff. Es kam zu
einem Treffen, worin zwar die von dem
Gundaker und dem Odrzifaus (*) angeführten Mährer heldenmüthig fochten, am
Ende aber dennoch eine Niederlage erlitten,

C 3 und

(*) Odrzifaus war ein edler tapferer Mann, der diesen
Beinamen, welcher in slawischer Sprache so viel
als Bartausraufer heißt, dafür erhielt, daß er an
dem Hofe des Königs einem stolzen riesenartigen
Griechen oder Bulgaren, der Jedermann zum
Kampfe ausforderte, mit einem Streiche die obe-
re Lippe samt dem Barte ausschlug. Von diesem Helden stammten alle Geschlechter ab, welche einen Pfeil in Wapen führen, nämlich die
Krawarze, die Sedlnizky von Choltiz, die
Daubrawieze in Mähren, und mehrere andere
in Böhmen und Pohlen.

J. Chr. und der tapfere Gundacker selbst todt auf dem Platze blieb.

Die in die Wälder entflohenen Mährer traten bei Heranrückung Swatopluks mit frischem Volke wieder hervor, und waren kühn genug, die Deutschen in ihrem festen Lager anzugreifen, das sie nach langem Wiberstande auch wirklich erstiegen, zerstörten, und die geschlagenen Deutschen zerstreuten.

Karlmann war aber bald wieder mit einem neuen Heere da, dem der vom Siege stolze Swatopluk muthig entgegen zog. Doch bald wählte er ein festes Lager. Karlmann umgieng es aber, und brach in das Land ein.

Von der andern Seite kam auch Karl aus Oesterreich verstärkt heran, und trieb die ihm vom Radislaw entgegen geführten Mährer vor sich hin. Swatopluk, von zwo Seiten gedrängt, gieng zuerst auf Karlmann los, und bald waren beide Heere aneinander. Das Treffen des ersten Tages blieb unentschieden, aber das bald darauf folgende endigte sich mit der Flucht Swatopluks und der Niederlage der Seinigen.

Mähren schien bei diesen Umständen schon verloren. Doch bemühten sich Radislaw und Swatopluk die Ihrigen nochmals zu sammeln, und eine eben heranrückende Hilfe von Hungarn, Pohlen und Reußen machte sie den Deutschen von neuem so furchtbar, daß diese sich eilends in Oesterreich zurück zogen.

Das

Slavische Könige in Wellehrad. 39

Das von den Feinden zwar befreite aber J. Chr.
auch ganz verheerte Land plagte hierauf ei=
ne große Hungersnoth. Die Vornehmern
im Reiche riethen zum Frieden an, denen
Swatopluk beifiel; aber Radislaw wollte
Krieg. Es kam zu ersterem, und Swato=
pluk selbst mit Odrzifaus und Hostierad
waren die Abgeordneten zu den Deutschen,
um den Frieden zu suchen.

Während der Abwesenheit Swatopluks 869.
machten einige Höflinge dem alten argwöh=
nischen Radislaw die Treue dieses seines Ge=
hilfen und Neffen verdächtig, und dieser fand
rathsam, zu Karlmannen in Oesterreich zu
entfliehen. Radislav kam folgendes Jahr
durch Verrath, woran wahrscheinlich auch
Swatopluk Theil hatte, in Karlmanns
Hände, der ihn seinem Vater Ludwig zu=
sandte. Dieser ließ ihn der Augen berau=
ben, und in das Kloster zu St. Emmeran
in Regensburg einsperren, wo er in fol= 871.
gendem Jahre starb. Von ihm ist die heute
in Oesterreich an der mährischen Grenze ge=
legene, in den damaligen Zeiten unter dem
Namen ihres Stifters Radislaw bekannt ge=
wesene Stadt Rötz erbauet worden.

Swatopluk, der vorletzte König, nahm Swato=
sich hierauf des Reichs an, und erneuerte pluk,
die Bündnisse mit den Böhmen, Pohlen König.
und Reußen. Karlmann, damit unzufrie=
den, forderte ihn zu sich, nahm ihn auch,
ungeachtet aller Versicherung der Treue, bei
seiner Erscheinung gefänglich an, und sandte
ihn ebenfalls dem Ludwig nach Regensburg zu.

C 4 Die

J. Chr. Die Mährer hierüber entrüstet, wählten sich in der Hitze, in der Person Slawimirs, eines Priesters, der diese Würde lange nicht annehmen wollte, ein neues Haupt, riefen ihre Bundesgenossen um Hilfe an, und beschlossen, die ihrem König erwiesene Unbild zu rächen. Sie waren auch wirklich schon gegen Karlmann angezogen, und von diesem zurückgewiesen worden, als Ludwig den Swatopluk anhörte, für unschuldig erkannte, und in sein Reich zurück kehren ließ.

Dieser, dem Karlmanns Beleidigung näher als Ludwigs Wohlthat am Herzen lag, bediente sich zur Rache der List, daß er vom Karlmann das Heer wider den Slawimir unter dem Vorwande, diesem mit selben das Reich, dessen er sich angemaßt hatte, abzubringen, anzuführen begehrte; denn als er es erhielt, so lieferte er dasselbe den mit ihm verstandenen Mährern in die Hände, und diese nahmen ihn gleich wieder als ihren König an.

872. Im Jahre 872 sandte Ludwig ein aus Sachsen und Thüringern bestehendes deutsches Heer durch das Land der Soraben in Mähren, welches aber kaum ins Land kam, als es mit einer großen Niederlage heimgeschickt ward. Und Karlmann, der zu gleicher Zeit von der Seite Oesterreichs mit einem andern Heere einbrang, auch eine Strecke Landes verwüstet hatte, ward gleich darauf eben nachdrücklich zurückgewiesen. Swatopluk unternahm darauf sogar noch die Be-

lage=

lagerung von Korneuburg, mußte sie aber J. Chr.
balb aufheben.

Im folgenden Jahre brach Karlmann 873.
wieder in Mähren ein, lieferte dem Swa=
topluk ein Treffen, in welchem kein Theil
siegte; und kehrte, da die Böhmen den Mäh=
rern zur Hilfe erschienen, auch bald wieder
zurück. Mit diesem erhaltenen Beistande
griff Swatopluk selbst Karlmanns Lager
an, ohne es zu überwältigen, und kehrte
zurück, um die an dem Wagflusse eingefal=
lenen Hungarn abzutreiben, welche er aus
dem Lande hinaus schlug. Darauf ward er
von dem Karlmann im Lager angefallen,
und fieng nach diesem an, Friedenshand=
lungen zu pflegen; brach sie aber ab, und
lieferte den Deutschen ein Treffen, worin
diese erst das Kürzere zogen, am Ende aber
doch Uiberwinder blieben. Nach allem die=
sen suchte Swatopluk den Frieden im Ern=
ste an, und erhielt ihn.

Mähren genoß dessen einige Jahre lang, 877.
während welchen Swatopluk aber doch an
den Kriegen zwischen den deutschen Fürsten
dadurch Theil nahm, daß er dem Karlmann 880.
Beistand leistete. Da dieser aber starb, that 884.
Swatopluk einen Einfall in Oesterreich,
und verwüstete dieses Land größtentheils.
Er hatte auch das Glück, den Frieden be=
stätigt zu erhalten, ohne seinen Einfall an
Mähren gerächt zu sehen. 887.

Aber ein Einfall des Mstibog, Herzogs
zu Kaurzim in Böhmen, unterbrach die
Ruhe im Lande selbst; welcher gleichwohl
bald

J. Chr. bald zurückgeschlagen warb, und sein Unternehmen dadurch büßte, daß die Mährer einen großen Theil seines Landes verheerten.

888. Mstibog kam aber in folgendem Jahre wieder: und ob zwar ein Theil seiner Völker unter dem Chrud, dem Erbauer der Stadt Chrudim, von dem Anführer der Mährer Mosislaw geschlagen warb, so suchte doch Mstibog selbst das Hauptheer derselben auf, und brachte demselben bald darauf eine noch stärkere Niederlage bei.

Der Sieger ließ zum Andenken seines Sieges das noch heute sobenannte Dorf Boganow anlegen, und gieng bald darauf, da er den Mährern eine Hilfe zukommen sah, mit selben einen Frieden ein. Auch die Hungarn unternahmen um diese Zeit einen Einfall in das Land; doch giengen sie auch bald wieder zurück, und Swatopluk ließ zu ihrer Einschränkung einige Festungen an dem Wagflusse anlegen.

892. Um das Jahr 892 kam es zu einem neuen verderblichen Kriege zwischen dem Kaiser Arnulph und dem Swatopluk, der jenes Schwester zur Gemahlin hatte. Die angegebene Ursache war, daß Swatopluk dem Kaiser den schuldigen Tribut verweigere, und dem morgenländischen Kaiser mehr als dem Deutschen anhänge. Indessen mögen deren wohl mehrere gewesen seyn. Der Hergang und Ausschlag derselben war folgender: Arnulph überzog den Swatopluk in seinem Lande, und war in dem ersten Treffen, worin Mogemir, der ältere vor der Ehe gezeugte

zeugte Sohn des Swatopluks viele Tapfer- J. Chr.
keit bewies, beinahe überwunden.

Doch hatte auch Swatopluk keinen Sieg
gewonnen; und da Arnolph seinem Feinde
auch die Hungarn auf den Hals gehetzt hatte, so konnte Swatopluk, obgleich Mogemir diese bald mit einer harten Niederlage zurück wies, dennoch vor zween so mächtigen Feinden sich kaum erwehren, und suchte bei den benachbarten slavischen Fürsten Beistand, den er auch von den Böhmen, Pohlen und Soraben erhielt.

Er sandte dann den Mogemir an die 893.
Grenze von Hungarn, und führte das gegen die Deutschen bestimmte Heer selbst an, mit denen er bald in ein scharfes Treffen gerieth, das die Nacht unterbrach, ehe ein Theil gesiegt hatte. Ein darauf beliebter Stillstand von wenigen Tagen gab dem Mogemir Zeit, seinem Vater zu Hilfe zu eilen, worauf die Deutschen zurück zogen, und von den Mährern verfolgt wurden. Aber ein neuer Einfall einer großen hungarischen Macht änderte die gute Gestalt der Sache. Im ersten Anfalle trieb sie Mogemir zwar in etwas zurück; doch in einem mit dem ganzen Haufen der Feinde mehr verwegen als vorsichtig gewagten Treffen ward er, ungeachtet seiner und seines Heeres Tapferkeit, in die Flucht geschlagen. Die Hungarn kamen hierauf bis über die March herüber, und die Oesterreicher drangen bis Rötz vor, welches sie belagerten; so, daß sich Swatopluk nur in den festen Oertern Wellehrad,

Brünn,

Brünn, Kostel, Göding, Auspitz, Kötz, und Jamnitz noch halten konnte. Das ganze offene Land ward von den Hungarn verheeret; auch würden sie den in der Stadt Wellehrad eingeschlossenen und hart belagerten Swatopluk zur Ergebung gezwungen haben, wenn ein Einfall der Bulgaren in Hungarn diese barbarischen Feinde nicht genöthiget hätte, die Belagerung aufzuheben, und ihrem eigenen Lande zur Rettung zuzueilen.

Swatopluk suchte hierauf sowohl bei dem noch immer vor Kötz liegenden Markgrafen von Oesterreich als auch beim Kaiser Arnulph um Frieden an, und erlangte ihn auf die Bedingnisse: daß er den nahe an der Donau gelegenen Theil seines Reiches abtreten, den Tribut, den er bis dahin nicht gab, zu entrichten sich verbinden, und seinen Sohn Swatobog dem Arnulph zum Unterpfande der Erfüllung seines Versprechens übergeben mußte. Er genoß dieses Friedens nicht lang, sondern starb von Krankheit, Alter und Verdruß über den nachtheiligen Frieden (weder in einer Wüste, weder in einem Treffen gegen die Hungarn, wie einiger Meinung ist, sondern) eines natürlichen Todes.

Nach des Swatopluks Tod entstand über der Wahl eines neuen Königs zwischen den Großen des Reichs Zwiespalt. (*) Einige wähl-

---

(*) Mähren war kein Erb- sondern ein bloßes Wahlreich, und es stand bei den Großen des Lan-

wählten von den zween hinterlassenen Söh- J. Chr.
nen des Königs den vor der Ehe gezeugten
tapfern, tugendhaften und beliebten Mogemir; andere den ehelichen, aber nur etwa
zwölfjährigen Swatobog. Der Letztere be- Swato-
hauptete es, weil der Markgraf zu Oester- bog,
reich und Arnulph, seiner Mutter Bruder, König.
für ihn waren; und beide diese seine Verwandten kamen selbst auf Wellehrad, um
ihn auf den Thron zu setzen. Der beschei-
dene Mogemir begnügte sich an einem ihm
zugeworfenen Landesantheile an dem Wagflusse, und ließ es auch geschehen, daß nicht
er, sondern der Erzbischof Method Reichs-
verwalter während der Minderjährigkeit des
Königs war. So war Mähren zwei Jahre
lang ruhig, nach deren Verlauf die ehema-
ligen Wähler Mogemirs, mit der Reichs- 897.
verwesung unzufrieden, Unruh erregten.
Zwar legte der Erzbischof die Verwaltung
von sich, und Arnulph stellte wieder Ruhe
her, indem er den jungen König zur Selbst-
regierung anwies. Aber dieser hieng blos
seinen Lüsten und den ausgelassensten Leuten
seines Hofes an, ohne die geringste Sorge
auf die Regierung des Landes zu wenden,
und weder des Kaisers noch des Erzbischofs
Erinnerungen brachten ihn auf bessere Wege.

In

Landes, sich frei einen König wo immer her zu
wählen; doch trugen sie bei dieser Freiheit Rück-
sicht auf das Geschlecht ihrer vorigen Könige.

J. Chr.
828.

Im folgenden Jahre zerfiel er mit dem Mogemir, wodurch ein einheimischer Krieg entstand. Dem beliebten und tapfern Mogemir war es ein Leichtes, den leichtsinnigen schon verabscheuten König bis an seine Stadt zu drängen; und diese selbst samt dem König bekam er bald durch Verrath in seine Gewalt. Aber Arnulph söhnte beide Brüder mit einander aus, und setzte den Swatobog nochmals ein, der sich dann der Weisung des Erzbischofs eine Zeitlang folgsamer überließ.

899. Arnulph war kaum gestorben, so thaten die Hungarn einen abermaligen Einfall in Mähren in das Gebiet Mogemirs, der sie aber mit Hilfe einiger ihm von dem Swatobog zugesandten Haufen mit einer ihnen beigebrachten Niederlage empfieng, und nach Hause wies.

900. Nach Zurückschlagung dieser Feinde bekam Mähren mit den Bayern und Oesterreichern zu thun, denen sich auch ein Theil der Böhmen beigesellt hatte, die aber Mogemir ganz leicht ohne Treffen zurückzukehren zwang. Die Veranlassung zu diesem kleinen Kriege war die Forderung des Salzburger Erzbischofs, daß die Kirche zu Wellehrad ihm unterstehen solle.

902. Wichtiger in seinen Folgen und heftiger war der neue Krieg mit den Hungarn. Diese kamen aus Italien zurück, überzogen Mähren mit ihren ungeheuren Haufen, und machten es, so weit sie reichten, zur Wüste.

Moge=

Mogemir wagte wider den Rath seiner Unterbefehlshaber ein Treffen, welches das Reich auf die Spitze setzte, und verlor es samt seinem Leben. Nach dem Tode dieses Helden, der Stütze des mährischen Reichs, fieng es nicht nur an zu sinken, sondern fiel bald ganz.

Die Hungarn verwüsteten das ganze Land um die Wag und um den Einfluß der March in die Donau. Aber sie verstanden nicht den Sieg recht zu nützen, sonst würde es ihnen in dem ersten Schrecken des Landes über Mogemirs Tod ein Leichtes gewesen seyn, auch über die March zu kommen, und es ganz in ihre Gewalt zu bringen. Sie ließen der Hilfe aus Böhmen und Pohlen Zeit herauszukommen, und wurden in Kurzem bis an ihre Grenzen zurückgedrängt. Doch rüsteten sie sich den Winter über nur zu einen noch heftigeren Anfall, und führten ihn aus. Sie kamen wieder, mächtiger als im vorigen Jahre, schlugen das Heer Swatobogs, und belagerten den unglücklichen König in seiner Residenz zu Wellehrad, von wannen er den Grausamkeiten, welche die Feinde an den Seinigen ausübten, zu ohnmächtig ihnen zu helfen, zusehen mußte. Lange Belagerung war aber der Hungarn Sache nicht. Von der tapfern und muthigen Vertheidigung der Stadt abgeschreckt, gaben sie solche auf, und setzten ihre Verheerungen nur in dem wehrlosen Lande fort.

J. Chr.

903.

Swa-

J. Chr. Swatobog wußte kein anderes Mittel, dieses zu retten, und seiner Feinde los zu werden, als den Frieden, den er von ihnen bat, und auf die harten Bedingnisse erhielt, daß er ihnen den Wagfluß samt seinen rechten Ufern und den daran liegenden Städten und Schlössern abtreten, und einen jährlichen Tribut versprechen mußte.

Dieser Unfall im Kriege machte keinen Eindruck auf den unglücklichen König. Er wies so leichtsinnig als ehedem allen guten Rath von sich, warf den frommen Erzbischof Method aus dem Pallaste hinaus, hieng sich an böse Rathgeber und Gesellschafter, und erlaubte sich alle Ausgelassenheit und Laster, worunter auch Grausamkeit, Ungerechtigkeit und Gottlosigkeit waren. Noch unterstand er sich selbst den Oesterreichern das ihnen zuständige Gebiet dießseits der Donau mit den Waffen abnehmen zu wollen, und griff es an. Dieser Übermuth, der allgemeine Haß seines eigenen Volkes sowohl als aller Nachbarn zog ihm dann den doppelten Bann, von Rom und vom Kaiser aus zu, welcher letzterer das unglückliche Reich Mähren dem ersten besten, der es an sich reißen würde, Preis erklärte. Die Hungarn, Pohlen und Deutschen säumten nicht, dieser Einladung zu folgen. Den Erstern lieferte Swatobog noch ein Treffen, das er verlor. Nach der gemeinsten Meinung fiel er aber nicht selbst in der Schlacht, sondern entfloh, verließ sein ehemaliges Reich, und soll noch lange Jahre

als

als Eremit in einer tiefen Wüste unerkannt J. Chr.
gelebt haben. Dieses war das Ende des 908.
mährisch = slavischen Königreiches.

Nach dem Untergange des mährisch=
slavischen Reiches.

D as aus der Mitte Deutschlandes nach 908.
bem dreitägigen Treffen bei Augsburg
zurückkehrende zahlreiche hungarische Heer
nahm seinen Rückzug durch das seines Kö=
nigs beraubte Mährenland, und verheerte
und raubte noch aus, was übrig war. Zwar
trieben es die fast zur Verzweiflung gebrach=
ten Inwohner mit Hilfe eines von den Poh=
len und Böhmen erhaltenen Beistandes über
die March hinüber; aber sie mußten sich
auch den ihnen von dem mit Raube belade=
nen schon gleichsam gesättigten Feinde ange=
tragenen harten Frieden gefallen lassen, kraft
dessen die Hungarn das, was sie besaßen,
nämlich die ganze Strecke von der Wag an
bis zum Ausflusse der March in die Do=
nau, und das meiste übrige jenseits der
March behielten.

D Un=

Unter den Herzogen und Königen in Böhmen.

Mähren beschloß, sich einen neuen König zu wählen, aber seine Großen waren in der Wahl uneinig.

Ein Theil erkohr den Wratislaw, Herzog in Böhmen, ein anderer den Kapold, des Arnulph jüngern Sohn, ein dritter einen aus dem Mittel der Großen des Landes; und bald wäre es darüber zu einem innerlichen Kriege gekommen. Endlich unterwarfen sie sich einmüthig dem Wratislaw, der mit einem Heere in das Land kam, die schon wieder auf dem Hereinzuge begriffenen Hungarn zurückwies, und um einen neuen Frieden zu bitten zwang.

Wratislaw I. Herzog.

916.

Diese schrecklichen Nachbarn kamen aber in einigen Jahren in der Rückkehr von einem in Bayern vorgehabten Zuge abermal in Mähren. Das arme Land, ohne Beistand, konnte sie nicht anders los werden, als durch Sättigung mit Golde, dessen es ihnen so viel zustellte, als es nur aufbringen konnte, und noch mehr an vergrößertem jährlichen Tribute zu zahlen sich verpflichtete.

Um diese Zeit starb Wratislaw, und Mähren, das sich von seiner zur Regentin

Böh=

Böhmens bestellten Wittwe Drahomira und dem unmündigen Herzoge Wenzl wenig Unterstützung versprach, unterwarf sich dem Kaiser Konrad, der damal wider den Arnulph, den Sohn des von den Hungarn erschlagenen Leopolds von Oesterreich, in Bayern zu Felde lag, und dem Lande Mähren auf eine kurze Zeit den Grafen Burghard von Buchhorn zu einen Markgrafen setzte.

J. Chr. Drahomira, Regentin. Wenzl I. Herzog.

Während daß die Hungarn in den nächstgefolgten Jahren in Italien, und dann in einigen deutschen Provinzen kriegten, worüber sie endlich bei Merseburg, vom Kaiser Heinrich I. dem Vogler, Konrads Nachfolger, mit einer schrecklichen Niederlage heimgeschickt wurden, genoß Mähren einer nothwendigen Ruhe. Wenzl, der heilige Herzog in Böhmen, erhielt das Land endlich vom Kaiser Heinrich, nach einiger Meinung um das Jahr 923, nach anderer, und zwar der mehreren, erst 935, unter dessen Schutz und sanfter Regierung es sich von den erlittenen Drangsalen einigermaßen erholte.

935.

Aber nicht lang genoß es seines guten und frommen Fürstens. Er fiel durch Meuchelmord von der Hand Boleslaws seines Bruders, der nach ihm Herzog in Böhmen, von den Mährern aber dieser That wegen verabscheuet ward. Sie fielen von den Böhmen ab, und wählten sich einmüthig den Olgus, (*) einen reußischen Fürsten, und Bruder

938.

Olgus, König.

D 2

(*) Dieser Olgus wird für den Stammvater des uralten Geschlechts der jetzigen Grafen von Zierotin gehalten.

3. Chr. der Jaropolks, Herzogens zu Kiow, zu ihrem Könige, und setzten ihn auf den alten königlichen Stuhl zu Wellehrad.

Boleslaw, mit dem Zuname der Grausame, war um diese Zeit mit Kaiser Otto dem Großen in Krieg gerathen, und dieser war ihm zu schwer, als daß er den Abfall der Mährer hätte hindern können.

947. Olgus saß also einige Jahre ruhig auf dem Throne, aber nur wenige; denn Toxis, ein Herzog der Hungarn, nachdem er mit einem ungeheuren Schwarm der Seinigen die Länder Bayern, Schwaben, Franken, und jenseits des Rheins Elsaß, Burgund und Gallien überschwemmt hatte, und über Italien, wo ihn Berengar, der angemaßte König, mit Geld zufrieden stellte, zurückkam: fiel in Mähren ein, und überwand das ihn an der March erwartende, mit Pohlen und Reußen verstärkte Heer in einer ordentlichen Schlacht, aus welcher Olgus kaum entrann, und das ganze Land, außer einen Theil des Gebirges gegen Norden und einigen festen Bergschlössern gerieth in die Gewalt der Hungarn. Zwar sammelte Olgus nach einiger Zeit wieder ein

949. neues Heer, versuchte mit solchem Wellehrad wieder zu erobern, und wagte ein nochmaliges Treffen. Aber er war nicht glücklicher, als zween Jahre vorher, erlitt eine gänzliche Niederlage, und entkam zum zweitenmal kümmerlich. Er wandte sich in Pohlen, um neue Hilfe von dannen aufzubringen, aber er starb daselbst in Kurzem darauf.

Mäh=

Mähren blieb hierauf eine Zeitlang in J. Chr.
der Gewalt der Hungarn und ihres neuen
Herzogs Gichan, in deren Gemeinschaft die
Mährer selbst verschiedene glückliche Einfälle
in Böhmen thaten. Sie schlugen insonderheit den Boleslaw, als er sich ihnen ent- 956.
gegen stellte, und drangen bis an die Elbe,
und die Hungarn dachten schon, ganz Böhmen unterjocht zu haben, als Boleslaw
mit erhaltener Hilfe aus Sachsen und der
Lausitz ihnen nochmal entgegen kam, und
sie bis an die Thore von Welwarn, welchen Ort die Hungarn um die Zeit erst an-
gelegt hatten, zurücktrieb, wo er ihnen eine gänzliche Niederlage beibrachte; worauf 957.
er die übrigen auch ganz aus dem Lande
trieb.

   Boleslaw verfolgte seinen Sieg, und Boles-
brachte in Kurzem das ganze Land Mähren law I.
zwischen der Taya und Schwarza theils durch same Her-
Waffen, theils durch Ergebung, und nach und 108.
nach auch die Gegend an der March samt 960.
den Städten Wellehrad und Kostel, diese
beide zwar ganz verheeret, in seine Gewalt. (*)

   Bald darauf trachteten die Pohlen, noch Boles-
nicht zufrieden, daß sie ohnedem schon das law II.
heutige Herzogthum Oppeln und das übri- Herzog.
ge Oberschlesien von dem mährischen Reiche 967.
                   an

(*) Boleslaw I. starb nach der Chronik des Kos-
    mas im Jahre 967, dem 58sten seines Alters,
    und 36sten der Regierung.

J. Chr. 975. an sich gerissen hatten, ihr Gebiet bis gegen Ollmütz zu erweitern. Mieczislaw, ihr Herzog, der die Dambrowka, eine Tochter Boleslaws, zur Ehe hatte, und ein Christ ward, unternahm es, nach dem Tode seines Schwiegervaters das Land seinem Schwager, dem jüngern Boleslaw II. abzubringen, während dem dieser mit Kaiser Otto II. in Krieg verwickelt war.

Da aber immittelst Dambrowka starb, und die Mährer die Pohlen verabscheuten, sich also gern den Böhmen unterwarfen; so wurden diese wieder hinausgetrieben, und die Böhmen mit den Mähreen verfolgten ih-
994. ren Sieg so weit, daß sie gar bis in Pohlen eindrangen, und Krakau selbst eroberten.
999. Boleslaw II. starb im Jahre 999, und hinterließ die Söhne Boleslaw, Jaromir und Ulrich.

Boleslaw III. Herzog. Boleslaw III. wird von den Geschichtschreibern mit dem Beinamen der geizige, der faule, der Rothkopf und der blinde belegt. Er ließ den Bruder Jaromir gleich beim Antritte der Regierung entmannen, und Ulrichen beinahe im Bade ertränken. Dadurch lud er sich den Haß der Böhmen auf, und da er auch seine Länder gegen die Pohlen zu schützen vernachlässigte, so verstießen sie ihn. Er floh zu Boleslaw Chobry, dem Herzoge in Pohlen, der ihn zwar diesesmal wieder in Böhmen einsetzte, aber ihn auch, da er neuer Grausamkeiten wegen nochmal vertrieben wurde, und auf seine Einladung auch nochmal dahin kam, treu-

los blenden, und sein Gefolge ermorden J. Chr.
ließ. Er lebte noch ohne Regierung bis 1003.
ins Jahr 1037.

Nach mancherlei Unruhen in Böhmen
gelangte endlich die Regierung von Böhmen
an Jaromir. Chobry aber säumte nicht, Jaromir,
einen Einfall in dessen Länder zu unterneh- Herzog,
men, und unterwarf sich bald ganz Mäh- 1007.
ren nebst einen großen Theil von Böhmen.
Jaromir wandte sich um Hilfe an den Kaiser Heinrich, worauf sich die Pohlen zwar
in etwas zurückgezogen; aber er bemühte
sich vergebens, sie ganz aus dem Lande zu
verdrängen; denn einheimische Unruhen hinderten ihn, welche endlich dahin ausbra-
chen, daß Ulrich, der Bruder des Jaro- Ulrich,
mirs, ein muthiger herschsüchtiger Prinz, Herzog.
die Regierung an sich riß, diesen seinen ar- 1012.
men Bruder aber in ein Gefängniß warf,
und ebenfalls blenden ließ.

Während diesen innerlichen Unruhen in
Böhmen hatten sich die Pohlen neuerdings
des ganzen Mährens bemächtiget, und fielen selbst Böhmen an. Sobald aber Ulrich
in Böhmen Ordnung hergestellt hatte, und
mit seinem Bruder, dem gütigen Jaromir,
ausgesöhnt war, wandte er sich mit einem
Heere in Mähren, trieb die Pohlen nur
durch seinen Anzug in die Flucht, und brachte
den größten Theil des Landes wieder in seine Gewalt. Boleslaw Chobry in Pohlen
selbst von der andern Seite von Jaroslaw,
dem Herzoge in Reußen, bedrängt, bat um
Friede, und erhielt ihn auf die Bedingnisse:

D 4 daß

J. Chr. daß Ulrich so wie Boleslaw die Deutschen als gemeine Feinde der Slaven ansehen, ersterer Mähren behalten, und dieses Land stets bei Böhmen verbleiben solle. Solchergestalt kam nun Mähren (ohne dem östlichen Theil, den die Hungarn inne hatten, und dem südlichen zwischen der Donau und Taya, worin schon die Oesterreicher und Deutschen fest saßen, dann einigen von dem Boleslaw Chobry vorbehaltenen, Pohlen nahe gelegenen Oertern) ungefähr in den nämlichen Gränzen, wie sie noch heute sind, unter die Gewalt der böhmischen Fürsten, und Ulrich setzte den Witko von Chaustnik zu seinem Stabthalter ein.

1015. Im Jahre 1015 bot Kaiser Heinrich II. alle seine Macht gegen die wider die Deutschen verbundenen slavischen Völker auf, und darüber bekam auch Mähren wieder feindliche Besuche. Von Süden her brach ein mächtiges Heer Oesterreicher ein, vor denen sich Witko in die festern Oertern zurückziehen mußte; und von der östlichen Seite überzog es ein ungeheurer Schwarm Hungarn.

Beide Feinde verheerten abermal den schönsten Theil des Landes an der March und der Taya; und nur der Friede, den Ulrich vom Kaiser erbitten mußte, machte den Verheerungen der Feinde ein Ende.

1016. Im folgenden Jahre entvölkerte eine allgemeine Pest, die beinahe ganz Europa betroffen, und vom Hornung an bis in den späten Winter fort angehalten hat, insonder-

derheit auch Mähren und Böhmen fast gänz- J. Chr.
lich. Denn so mußte es wohl seyn, wenn
es wahr ist, was die Geschichte aufzeichnet,
daß in diesen Ländern kaum der zehnte Theil
der Menschen übrig geblieben sey.

Kaum war diese Plage vorüber, so 1017.
gieng es wieder an Kriege; denn die Mährer unternahmen einen räuberischen Einfall
in Böhmen, während dem die Böhmen selbst
mit dem Kaiser Heinrich wider die Pohlen
zu Felde lagen; der aber keine weitere Folge hatte.

Nach dem Tode Boleslaws Chobry 1025.
that Mieczislaw, dessen Sohn, mit den
Seinigen verhetzt, abermal einen Versuch,
Mähren an sich zu bringen.

Ein Heer Pohlen durchstreifte die Gegend um die Oppa, Oder und Beczwa,
und raubte bis an die March. Die Mährer griffen zwar zu den Waffen, und erlegten einige abgetheilte Haufen dieser Räuber; aber erst Brzetislaw, Ulrichs Sohn,
der mit der böhmischen Hilfe hereilte,
und sich mit den Mährern vereinigte, schlug
das große Heer, und trieb es aus dem Lande. Er erhielt darauf von seinem Vater 1026.
die Regierung über Mähren, und nahm seinen Sitz zu Ollmütz.

Das Land genoß diesesmal der Ruhe
wieder nicht lange. Die Hungarn vernah-
men kaum, daß Brzetislaw im Frühlinge
des 1030sten Jahres, seinen kranken Vater 1030.
zu besuchen, nach Prag abgegangen sey,
so fielen sie in Mähren ein, und schleppten

ten nebst anderem Raube auch eine große Anzahl Menschen davon.

Brzetislaw eilte zurück, und vergalt den Hungarn Gleiches mit Gleichem; indem er über die Wag setzte, und eben solche Verheerungen, als sie in Mähren verübten, auch bis an den Granfluß anrichtete. Aber bald kam es zwischen Stephan, dem heiligen Könige in Hungarn, und Brzetislaw zu einem Frieden. Dieser kam sieghaft mit dem verdienten Ruhme eines Rächers und Befreiers von Mähren zurück.

1033. Um das Jahr 1033 überzog Kaiser Konrad II. Böhmen feindlich, weil Brzetislaw die Judith, des Kaisers nahe Verwandtin, aus einem Kloster bei Regensburg entführt, und zur Ehe genommen hatte. Die Pohlen nützten den Umstand, und fielen abermal Mähren an. Bald aber trieb sie Brzetislaw wieder zurück. Er würde sie im folgenden Jahre in ihrem eigenen Lande angegriffen haben, wenn es von ihm abgehangen wäre. Was er aber bei dem Leben seines Vaters nicht konnte, vollbrachte er, als er nach dessen Tode selbst Herzog in Böhmen ward; denn er überzog diese Friedensstörer im Jahre darauf mit seinen Böhmen und Mährern, und ließ sie eben solche Verheerungen in ihrem Lande empfinden, als sie so oft schon in Mähren verübt hatten. Brzetislaw gerieth darüber nochmal mit dem Kaiser in einen Krieg, der meistens in Böhmen geführt, und um das Jahr 1042 durch einen ordentlichen Frieden

geendiget ward. Um die nämliche Zeit, J. Chr.
ober bald darauf, kam es auch mit den
Pohlen, an deren Gränzen noch immer ein
kleiner Krieg fortwährte, zu einen vollkom=
menen Vergleich, in welchem sich Kasimir,
der König, zu einem jährlichen Tribute von
30 Mark Goldes und 500 Mark Silbers
an Böhmen verbindlich machte.

Im Jahre 1048 unternahm Brzetis= 1048.
law in Gemeinschaft mit Albert von Oe=
sterreich auf Geheiß des Kaisers einen Zug
wider die nach dem Tode König Stephans
unter Andreas I. wieder vom Christenthu=
me abgefallenen Hungarn vor. Er siegte,
und zwang die Besiegten, um Frieden zu
bitten, der ihnen auch zugestanden ward.
Im folgenden Jahre fielen die Hungarn wie= 1049.
der zu verschiedenenmalen, nur blos um ei=
nigen Raub zu holen, über die Grenzen,
und manchmal bis an die March in das
Land ein, wurden aber jedesmal von den
Mährern blutig heimgeschickt.

Diese bloßen Räubereien arteten zwei
Jahre darauf in einen ordentlichen Krieg aus,
und Brzetislaw zog abermal zugleich mit 1051.
dem Kaiser Heinrich gegen sie zu Felde. Die=
ser war unglücklich, und brachte sein in ei=
nem Treffen hart mitgenommenes Heer küm=
merlich und in schlechtem Zustande davon;
Brzetislaw aber kam mit den Seinigen über
den Granfluß hinüber, schlug seine Feinde,
und kehrte siegreich zurück.

Er bereitete sich eben zu einem neuen
Zuge in Hungarn, und sammelte das Heer
bei

J. Chr.
bei **Chrudim**, als er von einer Krankheit befallen wurde, woran er am 10ten Jänner
1056. 1056 nach hinterlegtem 48sten Jahre seines Alters, und dem 18ten seiner Regierung starb.

Vor seinem Tode theilte er seine Länder unter seine Söhne dergestalt: daß der ältere Spitihněw Böhmen zu beherrschen bekam; die drei folgenden aber Mähren getheilt, und zwar Wratislaw ein Gebiet mit Ollmütz; der zweite, Otto, ein anderes mit Brünn; und der dritte, Konrad, Znaym mit dem übrigen erhielten. Dem fünften Sohne Jaromir blieb das Prager Erzbisthum bestimmt.

Spitih-
něw,
Herzog.
Wratis-
law, Otto
und Kon-
rad, Für-
sten in
Mähren.

Diese drei in das Land Mähren getheilten Brüder schlossen, um sich gegen auswärtige Feinde sicher zu stellen, mit Andreas, dem Könige in Hungarn, und mit Ernst, dem Markgrafen in Oesterreich, einen Bund. Spitihněw, der auch die Oberherrschaft über Mähren hatte, nahm seinen Brüdern dieses Bündniß übel, kam gewaltsam in Mähren angezogen, und nahm ihnen das Land ab, führte sie auch selbst nach Prag mit sich, und setzte viele mährische Große in verschiedenen böhmischen Schlössern in Haft.

Beinahe wäre Spitihněw dieser Ursache wegen vom Könige Andreas, und weil er alle Deutsche aus Böhmen verbannte, auch vom Kaiser mit Krieg überzogen worden. Zu seinem Glücke waren aber beide eben einheimisch beunruhiget, und indessen er-

kannte

kannte er sein Unrecht, und entließ nicht nur die gefänglich angehaltenen mährischen Herren, sondern gab auch seinen Brüdern ihre Landestheile wieder zurück.

Noch in dem nämlichen Jahre thaten die Oesterreicher in das Gebiet Konrads einen unvermutheten Einfall; doch ward solcher, da diesem seine Brüder zu Hilfe kamen, abgewiesen, und Frieden hergestellet.

Spitihněw starb bald hernach am 28. Jäner 1062, und sein älterer Bruder Wratislaw folgte ihm, der sein Ollmützer Gebiet dem Otto abtrat, das diesem gehörige Brünner aber noch dem Konrad zu Znaym zutheilte.

Mähren erlitt in diesem Jahre von einem, mit Bewilligung Wratislaws zwar friedlich durchziehenden deutschen Heere gegen die Hungarn, mancherlei Ungemach; aber noch schädlicher ward ihm ein Einfall der Pohlen, deren König Boleslaw II. mit Wratislaw in Krieg gerathen war. Dieser ward aber dadurch geendiget, daß Boleslaw dem Wratislaw seine Schwester Swatawa zur Ehe gab.

Bis zum Jahre 1070 war hierauf alles ruhig. In diesem Jahre beunruhigten aber die Mährer und Hungarn einander durch wechselseitige Einfälle, woran doch die Fürsten selbst nicht Antheil zu nehmen schienen, die auch den Frieden bald wieder herstellten. Ein ordentlicher Krieg entstand aber im Jahre 1081 über die öftern räuberischen Einfälle der Oesterreicher in Mähren, welchen

J. Chr.

1061.

Wratislaw II. Herzog. 1062.

Otto, Fürst zu Ollmütz.

Konrad, zu Brünn u. Znaym

1063.

1070.

1081.

ihr

J. Chr. ihr Fürſt, Markgraf Leopold der Dritte, nicht Einhalt that. Wratislaw kam ſeinen Brüdern zu Hilfe, und rückte in Oeſterreich vor, wo es zwiſchen beiden Heeren erſt zu einem nichts entſcheidenden, bald darauf aber zu einem zweiten Treffen kam, worin die Oeſterreicher unterlagen. Der Sieger ſtreifte nach dem Siege noch einige Zeit in Oeſterreich bis an die Donau herum, und kehrte dann nach Znaym zurück, worauf es durch Vermittlung des Kaiſers zum Frieden kam.

1086. Swatopluk und Otto II. Fürſten zu Ollmütz.

Im Jahre 1086 ſtarb Otto der Erſte zu Ollmütz, und ſeine beiden Söhne Swatopluk und Otto, der Schwarze beigenannt, übernahmen das Gebiet ihres Vaters, ohne den Wratislaw hierum anzugehen. Sie thaten es auf Anſtiften Jaromirs, ihres Vaters Bruder, der Wratislawen ſchon lange nicht gut war, und Konrads zu Znaym, welcher wider die Verfügung des Vaters, von dem Herzoge in Böhmen unabhängig, unumſchränkter Herr ſeines Gebietes ſeyn wollte. Wratislaw ermahnte ſie erſt gütlich; da ſie aber hierauf nicht achteten, vielleicht weil ſie Wratislawen in einen Krieg wider die Sachſen verwickelt ſahen, ſo kam dieſer nach geendigtem Zuge in Sachſen, ſeine ungehorſamen Vettern ſelbſt zu beſtrafen. Sie getrauten ſich nicht, den König in Ollmütz zu erwarten, ſondern entflohen nach Hungarn.

Wratislaw, König. 1086.

Wratislaw aber zog in Ollmütz ein, nahm die Bürger in Pflicht, und ſetzte ſeinen

nen zweitgebornen Sohn Boleslaw zum J. Chr.
Regenten ein. Nach dieser Verrichtung zog
er wider den Konrad nach Brünn, und belagerte ihn darin; aber durch Vorbitte Wal-
purgis, der Gemahlin Konrads, ließ sich
Wratislaw besänftigen, und söhnte sich mit
seinem Bruder aus.

Im Lager vor Brünn trug es sich zu,
daß Brzetislaw, der Erstgeborne Wratislaws, dieses seines Vaters ersten Feldherrn,
Zderad von Schwabenitz, aus einem ältern
Grolle ermorden ließ. Diese That nahm
Wratislaw dem darüber flüchtig geworde-
nen Sohne sehr übel. Er vergab sie ihm
bis an sein Ende nicht, schloß ihn von der
Nachfolge aus, und ernannte den Konrad,
seinen Bruder, nach ihm zur Regierung
Böhmens. Er starb am 14ten Jäner 1092, 1092.
einiger Meinung nach 1091, und noch anderer 1093.

Konrad nahm Besitz von Böhmen, rief Konrad,
seines Bruders Söhne, den Swatopluk und Herzog.
Otto, zurück, und räumte ihnen das Ollmützer Gebiet, da Boleslaw ohnedem gestorben war, wieder ein; von seinen Söhnen aber gab er Ulrichen Brünn und Leo- Ulrich,
polden Znaym. Noch dasselbe Jahr am Fürst zu
6ten Herbstmonate starb auch er. Brünn u.
Leopold
Die Böhmen standen an, welchen sie zuZnaym
von den noch übrigen vier Söhnen Wratislaws zum Regenten wählen sollten: den
Brzetislaw, oder Borziwog, oder Wla- Brzetis-
dislaw, oder Sobieslaw; als Brzetislaw law II.
mit einem vom Könige Ladislaw in Hun- Herzog.
garn 1093.

garn erhaltenen bewaffneten Haufen ankam. Er ward von den Großen gefürchtet, und zum Herrn angenommen.

Im folgenden Jahre rächten die Pohlen einen kurz vorher von Brzetislaw um Einbringung des ausständigen Tributs in Schlesien vorgenommenen Zug durch einen Einfall in den nördlichen Theil Mährens, welcher dabei sehr litte. Brzetislaw trieb sie aber bald zurück, und vergalt ihnen solchen in diesem und folgendem Jahre vielfältig, zwang auch ihren Herzog Wladislaw, daß er allen rückständigen Tribut nachzahlen, und ihn in Hinkunft genauer zu entrichten angeloben mußte.

Nicht lange hernach entstanden zwischen Brzetislaw und seinen Vettern, den Söhnen Konrads, zu Brünn und Znaym Mißhelligkeiten, die so weit kamen, daß ersterer wider leztere zu Felde zog; diese sich in Oesterreich flüchten mußten, und jener ihnen Brünn und Znaym abnahm, beide Gebiete aber seinem Bruder Borziwog übergab.

Die flüchtigen Brüder erhielten vom Gottfried, Markgrafen in Oesterreich, das Städtchen Röz eingeraumet, und fielen daraus zum öftern in das Gebiet um Znaym aus. Ulrich ward auf einem dergleichen Streife gefangen, und vom Brzetislaw nach Glaz in Verwahrung gebracht; Leopold aber, der zulezt auch seinem Beschüzer Gottfried zur Last ward, hielt eine von diesem und dem Brzetislaw gemein-

schaft=

schaftlich vorgenommene scharfe Belagerung J. Chr.
in Rötz aus, und entwischte zuletzt, da er 1100.
sich nicht mehr länger zu halten getraute,
nach Hungarn.

Bald darauf am 22sten Christmonats
im Jahre 1100 endigte Brzetislaw durch
Meuchelmord von der Hand eines aus dem
Geschlechte Werschowetz sein Leben, und
Borziwog folgte ihm. Eine seiner ersten Borzi-
Verrichtungen war, daß er Ulrichen frei wog II.
ließ, und Leopolden aus der Flucht zurück Herzog.
rief, beiden auch ihre Landesantheile, je- Ulrich zu
nem nämlich Brünn, und diesem Znaym Brünn u.
wieder einräumte. Ulrich war undankbar Leopold
genug, seinem Wohlthäter nach dem Thro- zuZnaym
ne zu trachten. Er unternahm, von eini- Fürsten.
gen deutschen Fürsten unterstützet, und von
seinem Bruder begleitet, in dieser Absicht
einen Zug in Böhmen vor, wo ihm auch
einige Große des Landes anhiengen.

Da aber der mehrere Theil Borziwogen
treu blieb, die Fürsten zu Ollmütz es auch
selbst mit diesem hielten; so zogen die Deutschen schon vor dem Rufe von einem böhmischen Heere davon, und Ulrich kam be-
schämt in Mähren zurück, froh, daß er
durch Vermittlung Swatopluks mit Borziwog wieder ausgesöhnt wurde. 1101.

Im Jahre 1103 sandte Borziwog zu 1103.
Gunsten Spignews, eines unehelichen Sohns
Wratislaws, Herzogs in Pohlen, wider
Boleslaw Kriwoust, dessen von Borziwogs Schwester ehelich gebornen Bruder,
die mit einander um die Nachfolge in Pohlen

len zankten, ein Heer dahin ab, und Swatopluk von Ollmüz zog auch mit einem eigenen in Schlesien. Die Böhmen, die es verdroß, daß Borziwog sich von dem Unehelichen wider seinen eigenen Neffen erkaufen lassen, brachten es dahin, daß er bald von dem Kriege abließ; aber die Mährer streiften noch länger herum, und reizten die Pohlen, Gleiches mit Gleichem zu vergelten; die dann im folgendem Jahre in Mähren gezogen kamen, ein Drittheil des Landes ausraubten, und nach einem, auf dem Heimzuge mit Raube, mit dem nachsetzenden Swatopluk gehaltenen blutigen, aber ohne Entscheidung gebliebenen Treffen zwar aus dem Lande giengen, doch auch nochmal zurück kamen, und neuerdings raubten, dann aber erst den Frieden annahmen.

Im folgenden Jahre versuchte Swatopluk, von Regiersucht und einigen unzufriedenen Böhmen gereizt, Borziwogen vom Throne zu bringen, und zog mit einem Heere in Böhmen; aber auch, als er schon fast vor Prag war, weil sich Borziwog die Gunst der Seinigen bald wieder erwarb, und jener keinen guten Ausgang vor sich sah, sehr eilfertig wieder nach Hause. Ein Jahr darauf gelang ihm seine Absicht leichter.

Swatopluk, Herzog. Borziwog verlor die Neigung seiner Böhmen fast allgemein, und entfloh selbst in Pohlen; die Böhmen aber riefen Swatopluken selbst zur Nachfolge, nachdem Wladislaw, Borziwogs Bruder, der zu Bunzlau saß, bem ihm zuerst gemachten Antrag

und Königen in Böhmen. 67

trag ausgeschlagen hatte. Der Anfang Swa= J. Chr.
topluks war nicht ruhig. Kaiser Heinrich
berief ihn zur Rechenschaft nach Goslar vor
sich, und warf ihn in den Kerker; doch
kaufte er sich durch Geschenke bald wieder
los, und erhielt sein Reich. 1107.
 Das Jahr darauf unternahm der entflo= 1108.
hene Borziwog von Pohlen aus einen Ein=
fall in Mähren bis gegen Ollmütz. Noch
einen schädlichern aber thaten die Hungarn
von der Wag her bis an die March. Er=
sterer war bald wieder heimgezogen, letztere
aber erwarteten Swatopluken, der sie noch
im Herbste hinaustrieb, bis an die Wag
verfolgte, in ihrem eigenen Lande große
Verheerungen anrichtete, ihr Heer selbst noch
an dem Wagflusse in die Flucht schlug, und
mit großer Beute nach Hause kehrte; wor=
auf zwischen ihm und der Hungarn König,
Kolmann, ein Frieden geschlossen ward.
 Swatopluck wurde am 21sten Herbst=
monats im Jahre 1109, als er vor der
Belagerung Glogau aus dem Zelte des Kai=
sers Abends in das seinige zurückgieng, vom
Tista von Werschowetz ermordet, und Wla= Wladis=
dislaw bestieg den Thron auf Verlangen der law I.
Böhmen, obwohl der Kaiser den Otto von Herzog.
Ollmütz, Swatopluks Bruder dazu ernannt
hatte.
 Dieser Otto, und Wladislaws Bru= 1110.
der, Borziwog der zweite, und Sobies=
law beunruhigten den Anfang seiner Regie=
rung mit Hilfe der Pohlen durch mancherlei
Einfälle, und Versuche, Böhmen an sich zu
E 2 brin=

bringen. Da aber jeber für sich insbesondere anfieng, so bekam Wladislaw, dem der Kaiser zu Hilfe gekommen war, auch einen nach dem andern in seine Gewalt, nachdem sie blos einen Theil des Landes verheert hatten, und hielt sie gefänglich. Nach zwei Jahren verglich er sich aber doch mit ihnen, gab Otten Ollmütz zurück, Sobieslawen aber, da er Znaym schon vorher Wladislawen, einem Sohne Brzetislaws des zweiten, übergeben hatte, einen Landesantheil in Böhmen, und nahm Borziwogen zum Mitregenten an, den er aber im Jahre 1120 auf Anbringen der Böhmen wieder vertrieb; worauf dieser zuerst in Oesterreich, und dann in Hungarn zog, wo er nach vier Jahren starb.

Sobieslaw, welcher indessen seit dem Tode der Gebrüder Ulrichs und Leopolds zu Znaym diese Stadt und das dazu gehörige Gebiet im Namen ihrer hinterlassenen Söhne als Vormund hielt, reizte Wladislawen nochmal zum Zorne. Dieser zog im März 1123 abermal in Mähren, vertrieb seinen Bruder, und gab Znaym Konraden II. dem ältern Sohne des im Jahre 1112 verstorbenen Leopolds; Brünn aber den Brüdern Wratislaw und Spitihněw, Söhnen des im Jahre 1115 abgelebten Ulrichs.

Wladislaw starb im Jahre 1125, und Sobieslaw gelangte durch Hilfe seiner Mutter Swatawa zur Nachfolge, obwohl noch bei Lebzeiten Wladislaws Otto dazu bestimmt

stimmt war, und der Verstorbene selbst drei J. Chr.
Söhne, Wladislaw, Theobald und Hein=
rich hinterlassen hatte. Otto suchte Hilfe, 1126.
seine Ansprüche zu behaupten, und erhielt
sie vom Kaiser Lotharn, der, ihn einzuse=
tzen, mit einem großen Heere in Böhmen
gezogen kam. Aber Sobieslaw schlug es
in einem Treffen, in welchem Otto selbst
fiel, und Lothar nebst vielen edeln Deut=
schen gefangen ward, denen er doch bald
unentgeltlich die Freiheit gab. Nach diesem
Siege kam Sobieslaw in Mähren, und
verlieh das Ollmützer Gebiet Wenzeln, dem Wenz
Sohne seines erschlagenen Nebenbuhlers Ot= Fürst zu
to; nahm aber dagegen Wratislawen zu Ollmütz.
Brünn in Verhaft, weil er die Söhne Swa=
topluks, Brzetislaw und Sobieslaw un=
terstützt hatte, den er doch diesmal bald wie=
der frei ließ; in drei Jahren hernach aber
nochmal gefänglich einzog, und erst nach
großer, gegen dessen Anhänger gebrauchter
Strenge, in Freiheit setzte.

Hierauf söhnte er sich mit allen seinen
Verwandten aus, und verlieh Jaromirn, Jaromir,
Borziwogs Sohne, die damals sehr wichti= zu Jam=
ge Stadt Jamnitz mit einem Gebiete. nitz.

Im Jahre 1130 am 1sten May starb 1130.
Wenzl, der Sohn des Otto zu Ollmütz, Brzetis=
nachdem er vorher aus seiner Burg eine neue law,
Domkirche zu bauen angefangen, und den Fürst zu
bischöflichen Stuhl von der Kirche St. Pe= Ollmütz.
ters und Pauls zu jener zu St. Wenzl über=
tragen hatte. Er hinterließ seinem Sohne
und Nachfolger Brzetislawen Summen
                E 3   Gel=

J. Chr. Geldes zu Vollführung des angefangenen Baues.

1133. Sobieslaw gerieth mit Boleslaw III. Herzoge in Pohlen, in Krieg, und darüber erlitt Mähren von Letzterm eine Verheerung bis nahe an Ollmütz, welche die Böhmen und Mährer aber noch daſſelbe Jahr durch einen Einfall in Pohlen und Schleſien reichlich vergalten. Dieſer Krieg

1134. ward im folgenden Jahre durch einen Stillſtand auf drei Jahre gehoben, nach deſſen

1137. Ausgang beide Fürſten zu Glatz einen vollkommenen Frieden ſchloſſen. Die Ruhe dauerte bis nach dem am 13ten Hornung

1140. des 1140ſten Jahrs erfolgten Tode des Herzogs Sobieslaw.

Wladislaw II. Herzog. Wladislaw der zweite, ein Sohn Herzogs Wladislaw des erſten, war Sobieslaws Nachfolger. Konrad zu Znaym vertrug nicht, daß der viel jüngere Wladislaw ihm vorgezogen wurde, und unterſtützet vom Brzetislaw zu Ollmütz und Otto III. einem Sohne Otto II. welchen Wladislaw im Jahre 1141 einen Theil des Ollmützer Gebiets eingeräumt hatte, unternahm er einen Verſuch, Böhmen mit Gewalt an

1142. ſich zu bringen. Der Anfang gelang ihm auch gut, denn er ſchlug Wladislawen in die Flucht, und belagerte Prag. Aber bald mußte er vor dem mit einer mächtigen vom Kaiſer erhaltenen Hilfe anrückenden Wladislaw fliehen, und ward von deſſen Bruder Heinrich im Rückzuge geſchlagen.

Im

und Königen in Böhmen.

Im folgenden Jahre kam Wladislaw in Mähren, nahm Iglau und Znaym ein, machte Konraden flüchtig, und nahm erst die beiden Brünner Fürsten, Wratislaw und Spitihněw, dann auch Otten, und selbst Konraden zu Gnaden auf.

J. Chr. 1143.

Konrad vergaß seiner neu angelobten Treue bald wieder, und bemächtigte sich der Stadt Znaym mit List, welche Wladislaw noch dasselbe Jahr mit großer Gewalt eroberte und zerstörte, nachdem Konrad vorher daraus in Hungarn entflohen war.

1146.

Brzetislaw, der Fürst zu Ollmütz, starb den 10ten Jäner 1148, und Sobieslaw, ein Sohn Herzogs Sobieslaw, riß Ollmütz und das umliegende Gebiet theils durch Gewalt, theils mit List und Verrath an sich, indem Wladislaw auf einen Kreuzzug in Palästina abwesend war. Dieser kam auf dem Rückzuge durch Hungarn gerade bis vor Ollmütz, das sich gleich ergab, nahm den eben anwesenden Sobieslaw gefangen, und übergab die Stadt mit dem zugehörigen Gebiete Otto dem III.

1148.

Otto III. Fürst zu Ollmütz.

Bald darauf starb Konrad II. zu Znaym, der mit dem Wladislaw wieder ausgesöhnt war, und ihn auf den Kreuzzug begleitet hatte, im Jahre 1150, und diesem folgte im Jahre 1151 Spitihněw. Das Znaymer Gebiet erhielt Heinrich, der Bruder Herzog Wladislaws.

1150.
1151.
Heinrich, Fürst zu Znaym.

Im Jahre 1156 starb auch der Bruder Spitihněws Wratislaw in Brünn, der einen Sohn Otto IV. einen Jüngling von 18 Jah-

1156.
Otto IV. Fürst zu Brünn.

J. Chr. Jahren hinterließ. Ferner im Jahre 1157
1157. der im Elende lebende Spitihnew, und um
1160. das Ende des 1160. Jahres Otto der drit-
Brzetis- te zu Ollmütz, der zwei Söhne, Brzetislaw und law und Waldimir hinterließ; endlich auch
Waldi-
mir zu noch Jaromir zu Jamnitz, der Bruder Spi-
Ollmütz. tihnews. Inzwischen wurde Herzog Wla-
Wladis-
law, der dislaw, welcher Kaiser Friedrichen auf sei-
Herzog nem italiänischen Zuge beigestanden war, von
wird Kö- diesem im Jahre 1158 zum König in Böh-
nig.
1158. men ernennet.

Sobieslaw, der indessen Mittel gefunden hatte, aus seiner Gefangenschaft zu ent-
kommen, und Micislaws, des Herzogs in
Pohlen, Schwiegersohn geworden war, bemächtigte sich mit dessen Hilfe durch List
1162. und Verrath der Stadt Ollmütz so geschwind,
daß sich die Brüder Brzetislaw und Waldimir, die dieses Gebiet besaßen, kaum in
das Kloster Hrabisch retten konnten. Wladislaw kam aber bald heran, schlug die die
ganze Gegend ausraubenden Pohlen in die
Flucht, und zwang Sobieslawen, um Gnade zu bitten, den der König zum drittenmal
auf das Schloß Przinda festsetzen ließ, nachdem er vorher Ollmütz den vorgedachten Söhnen Otto des III. übergeben hatte. (*)

Nach

(*) In der kritischen Untersuchung Hrn. Dobners,
wenn Mähren ein Markgrafthum geworden, ist
am 20 und 21. Blatte dargethan: daß das Ollmützer Gebiet im Jahre 1164 nach Otto des III.
Tode Friedrichen zugefallen, und Urkunden er-
weisen es, daß er noch im Jahre 1169 Fürst allda

Nach diesem Vorfalle genoß Mähren durch J. Chr.
einige Jahre einer vollkommenen Ruhe.

Wladislaw starb am 18ten Jäner 1174, Sobies-
und Sobieslaw II. stieg aus dem Kerker law II.
auf den Thron. (*) Dieser neue unruhige Herzog.
Fürst fiel ohne alle Ursache Oesterreich feind- 1174.
lich an, und reizte Heinrichen, den ersten
Herzog dieses Landes, dahin, daß er in
Mähren kam, und das Land um Znaym
verheerte. Auf dieses machten auch die mährischen Fürsten mit den Böhmen gemeine 1176.
Sache, eroberten und zerstörten mit jenen
zuerst die Stadt Kötz, und streiften hernach weiter in Oesterreich herum, worüber
es dann zu einem hitzigen Treffen kam, in
welchem die Mährer einen vollkommenen
Sieg erfochten.

Konrad III. zu Znaym, ein Sohn Hein- Konrad
richs, Wladislaws Bruder, der an dem III. Fürst
Siege den meisten Antheil hatte, schloß hier- zu Znaym
auf

---

da gewesen. Die hier angesetzte Folge Brzetislaws und Wladislaws nach dem Peßina aus
dem Pulkawa ist also entweder unrichtig, oder
das Ollmützer Gebiet war etwa damals in mehrere Theile getheilet.

(*) Nach gleich gedachter kritischen Untersuchung
am 47. und 48. Blatte besaß Wenzl, der Bruder Sobieslaws, damals Brünn, und bekam
gleich zu Anfang der Regierung Sobieslaws anstatt dessen Ollmüg, und das Brünner Gebiet
ward dem Konrad zugetheilet. Welches abermal
von der Folgeordnung des Peßina abweicht, die
in der gegenwärtigen Geschichte zum Grunde genommen ist.

74   Unter den Herzogen

J. Chr. auf mit Oesterreich Frieden, und dieses verdroß Sobieslawen so sehr, daß er das Znaymer Gebiet feindlich überzog; aber der versuchte Konrad trieb ihn bald in Böhmen zurück, und vergalt die gemachten Verheerungen in diesem Lande mit Gleichem; drang auch Wenzeln, der seinem Bruder beigestanden war, bis an die Stadt Ollmütz, in welcher er ihn einschloß, und hart ängstigte.

Sowohl dieser vom Sobieslaw erhobene einheimische Krieg mit Konraden, als der ungerechte Einfall in Oesterreich, und andere Ursachen machten ihn dem Kaiser und den Böhmen zugleich verhaßt. Die letztern ergriffen die Gelegenheit, ihm den Scepter

1179. abzunehmen, den sie Friedrichen, einem
Friedrich Sohne Königs Wladislaws, übergaben.
Herzog Zwar begab sich der entsetzte Sobieslaw seines Rechts nicht so leicht, und es entstand ein innerlicher Krieg, in welchem Friedrich zuerst unterlag. Aber der Beistand der mährischen Fürsten, insonderheit Konrads, brachte ihm bald einen vollkommenen Sieg zuwe-

1180. ge, worin Sobieslaw dergestalt verwundet wurde, daß er bald darauf mit Hinterlassung eines einzigen Sohnes Konrads, der Weiße genannt, starb. (*)

Frie-

(*) Vorangezogene kritische Untersuchung giebt an: Herzog Friedrich habe um diese Zeit Wenzln das Ollmützer Gebiet abgenommen, und zum Dank auch noch Konraden zugetheilet. Diese Meinung weicht

Friedrich verlor die Gunst der Böhmen sehr bald, und diese luden Konraden zum Thron ein, auf den sie jenen vor Kurzem gesetzt hatten. Konrad ließ sich den Ruf gefallen, bekam in Abwesenheit Friedrichs zuerst das Schloß Wischehrad, und dann auch die Stadt Prag in seine Gewalt; gab aber auch beides auf Vermittlung des Kaisers wieder zurück.

J. Chr.

1182.

Um diese Zeit nahm Konrad das Land Mähren vom Kaiser zu Lehen; wahrscheinlich, um von Friedrich, dem Herzoge in Böhmen, nicht länger abzuhängen, dessen Rache er vielleicht zu fürchten hatte. Er ist der erste, der sich einen Markgrafen in Mähren nannte, so weit es aus Urkunden und gleichzeitigen Schriftstellern bekannt ist. Er machte bald einen Versuch, sich Böhmens zu bemächtigen, der ihm aber nicht gelang; denn er ward vom Friedrich zurückgeschlagen, und bis in sein eigenes Gebiet verfolget. Das folgende Jahr gieng der Krieg erst recht an, und bekam zu Friedrichs Vortheil den Ausschlag, indem dessen Heer in einem bei dem Dorfe Ludmirow oder

1184.

1185.

Lu=

---

weicht ganz von Peßina und den Quellen, woraus er geschöpft hat, ab, indem er erst nach der Demüthigung Konrads die Brüder Brzetislaw und Waldimir des Ollmützer Gebietes entsetzet, und immer noch andere Fürsten zu Brünn angiebt.

J. Chr. Ludonitz (*) vorgefallenen Treffen unter der Anführung seines Bruders Przemisl einen dergestaltigen Sieg über den Konrad erfocht, daß er ganz Mähren in seine Gewalt bekam.

Er bediente sich auch dieser Gelegenheit, und übergab Ollmütz, welches die Brüder Brzetislaw und Waldemir, weil sie dem Konrad anhiengen, verloren hatten, sei-

Przemisl Fürst zu Ollmütz. nem Bruder Przemisl, dessen Tapferkeit er den Sieg zu danken hatte; den Konrad aber, der sich ihm bald darauf selbst unterwarf, nahm er wieder zu Gnaden auf.

1190. *Konrad II. Herzog.* Im Jahre 1190 starb Friedrich, und Konrad II. der eben auf dem Heimzuge aus Palästina begriffen war, bestieg auf einmüthige Berufung den erledigten Thron, und überließ das Znaymer Gebiet seinem Sohne Otto.

Otto V. Fürst zu Znaym.

Konrad zog noch in diesem Jahre, begleitet von Otto dem IV. Markgrafen zu Brünn, mit Kaiser Heinrichen in den italiänischen Krieg, und beide starben im Lager vor Neapel an der Pest. Konrad hinterließ vorgenannten einzigen Sohn Otto V.

und

(*) Es ist nicht mit Gewißheit anzugeben, wo dieses Dorf gewesen sey, indem dieses Namens jetzt keines im Lande zu finden ist, als Lidmirow im obern Ollmützer Kreise, welches dieses nicht zu seyn scheinet. Wahrscheinlicher war es Lödenitz oder Lidmeritz; beide sind im Znaymer Kreise an der Grenze des Brünner gelegen.

und Königen in Böhmen.

und Otto der IV. zween Söhne, Ulrichen J. Chr.
und Wladislawen.

Nach fast dreijährigen Unruhen um die 1193.
Nachfolge ward endlich Heinrich, Bischof Heinrich,
zu Prag, Konrads Bruder, Herzog in Herzog.
Böhmen. Er hatte außer einigem Verdruße
mit Przemisln zu Ollmütz volle Ruhe, und
starb nach einer dreijährigen Regierung. 1196.

Heinrichen folgte im folgenden Jahre 1197.
Wladislaw, der jüngere Sohn Königs
Wladislaw, durch einmüthige Wahl auf
den Thron.

Er traf aber bald darauf mit Przemisl, Przemisl
seinem ältern Bruder, der ein mehreres Herzog.
Recht zu Böhmen zu haben glaubte, und
es auszuführen bereit war einen Vergleich:
trat ihm Böhmen ab, und empfieng von Wladis-
ihm das Ollmützer Gebiet in Mähren. law Fürst
z. Ollmütz.

Przemisl nahm im Jahre 1199 den Przemisl
königlichen Titel, und darauf den Beina- wird Kö-
men Ottokar an, und gab um diese Zeit mit dem
das Brünner Gebiet, nachdem die Brüder Beiname
Ulrich und Wladislaw, Markgrafen, ge- Ottokarl.
storben waren, seinem Bruder oder Bruders
Sohne Swatopluk. Und da Brzetislaw Swato-
zu Lundenburg auch gestorben war, dieses pluk zu
mit dem zugetheilten Gebiete dem vormals Brünn.
von Ollmütz vertriebenen Waldimir ein. Waldimir Lun-
Letzterer starb bald, und hinterließ diese benburg.
Herrschaft seinen zween Söhnen Leopold Leopold
und Otto. und Otto
daselbst.

Mähren genoß unter Przemisls Regierung einer vieljährigen Ruhe, nur erhielten
die Abtheilungen dieses Landes zum öftern
an-

78 Unter den Herzogen

J. Chr. anbere Herren. So gab nämlich Przemisl Brünn mit seinem Gebiete, als Swatopluk im Jahre 1211, und dessen Sohn Heinrich im Jahre 1216 starben, Theobalden, dem Sohne Theobalds II. welcher in Böhmen gesessen war; das Lundenburger nach Ableben beider Söhne Waldimirs Konraden II. dem Weißen, einem Sohne Sobieslaws; und als in den folgenden Jahren 1218 Otto V. Markgraf zu Znaym auf dem Kreuzzuge in Palästina, und 1227 Konrad der II. in Apulien das Leben endeten, so machte er eine neue Theilung, und gab Wenzeln, dem ältern Sohne seines zu Ollmütz verstorbenen Bruders Wladislaws, das Ollmützer, dem jüngern Przemisl aber das Znaymer Gebiet, und bestimmte seiner Gemahlin Konstantia zur Morgengabe das Lundenburger. Theobald zu Brünn, der im Jahre 1218 einen Kreuzzug wider die damals noch heidnischen Preußen unternommen hatte, starb im Jahre 1223, und hinterließ vier Söhne, Heinrichen, der ihm folgte, Borziwog, Boleslaw und Theobald IV. der auch Bruno genannt ward.

1229. Im Jahre 1229 unterbrach ein feindlicher Einfall der Oesterreicher in das Znaymer Gebiet den bisherigen Frieden im Lande. Przemisl sandte seinen Sohn Wenzl gegen sie, der sie nicht nur bald in die Flucht schlug, sondern auch bis an die Donau verfolgte, und ihnen an ihren Ufern die Oerter Krems, Stockerau, Korneuburg und

Mar=

und Königen in Böhmen. 79

Marchek mit Gewalt abnahm, dann mit J. Chr. vieler Beute beladen zurückkehrte.

Zwar erholten sich die Oesterreicher auch wieder, und kamen bis an die Taya vor, an welcher es zu verschiedenen kleinen Gefechten kam, ohne daß jedoch ein Theil über den andern einige wichtige Vortheile erhalten hätte.

Przemisl Ottokar, mit Recht der Siegreiche genannt, starb am 15ten Jäner 1230, und Wenzl sein Sohn ward nach ihm König. Bei diesem neuen Könige kam Heinrich, der Markgraf zu Brünn, dessen Gemahlin eine Tochter Heinrichs, Herzogs in Oesterreich war, seiner genauen Freundschaft wegen mit Friedrichen in Oesterreich in Verdacht, und Wenzl überzog ihn mit Waffen, um ihn in seine Gewalt zu bekommen. Der angegriffene entfloh dem Zorne des Königs samt seiner Gemahlin und dem jüngsten Bruder Theobald in Schlesien, und hinterließ in Brünn seine Mutter Adelheid und beide ältern Brüder Borziwog und Boleslaw.

1230.
Wenzl I. König.

Der König nahm Brünn samt den Spielberg ein, ließ sich huldigen, und setzte den Sezima von Kollowrat als Stadthalter ein; Adelheiden aber ließ er ihrem Sohne in Schlesien nachziehen, und ihre Söhne Borziwog und Boleslaw nahm er gefänglich mit sich in Böhmen fort; doch entließ er sie in Kurzem auch, und sie zogen ebenfalls ihrem Bruder nach. Borziwog kam sobann im Jahre 1237 in Großpohlen, welches

n. Chr. ches er zu beherrschen überkommen hatte, durch Verrätherei ums Leben; Boleslaw aber fiel im Jahre 1241 in einem Treffen mit den Tatarn; und ihr jüngster Bruder Theobald ward nach der Zeit Domherr zu Magdeburg.

1231. Im Jahre 1231 fiel Friedrich von Oesterreich abermal in Mähren ein, und raubte lange im Lande herum, belagerte auch das Schloß Dörtau, ehe der König dagegen Anstalten machen konnte. Endlich rückte er mit einem Heere heran, und Friedrich, bei welchem auch der Patriarch von Aquileja, der Bischof von Bamberg, Heinrich, Herzog von Meran, und Otto, Markgraf von Istrien, mit ihren Völkern waren, hob die Belagerung auf. Die Böhmen vereinigten sich hierauf mit den Mährern, und vergalten den Oesterreichern ihren in Mähren ausgeübten Muthwillen in ihrem eigenen Lande; worüber die wechselweise Wuth zwischen beiden Völkerschaften immer mehr zunahm, bis sie endlich beide auf Geheiß des Kaisers die Waffen ablegten.

1235. Friedrich hielt den Frieden nicht lange, und fiel abermal feindlich aus. Wenzl überzog daher den unruhigen Nachbar mit Bewilligung des Kaisers, dessen Abmahnen er nicht achtete, in seinem eigenen Lande, und nahm es ihm bis auf die einzige Neustadt fast ganz, auch selbst die Stadt Wien weg.

Endlich bat der Uiberwundene, und erhielt gegen eine Summe Geldes sein Eigenthum, worauf der König und er einander den

den Frieden in dem Kloster Lub (*) J. Chr. bei Brünn zuschwuren, und Freundschaft machten.

Nach Endigung dieses Krieges griff Wenzl seinen Bruder Przemisl zu Ollmütz mit großer Macht an, weil dieser die Oberherrschaft des Königs nicht anerkennen wollte, auf dessen Begehren er auch zu dem Zuge wider Friedrichen in Oesterreich nicht mitgekommen war. Die Böhmen verwüsteten auf diesem Zuge einen großen Theil des Landes. Als nun alles zur Belagerung der Stadt Ollmütz bereitet war, bat Przemisl den König um Gnade, gelobte auch, ihn für seinen Oberherrn zu erkennen; und erhielt nebst dem Ollmützer Gebiete zugleich das Troppauer, so der König vor Kurzem vom Miccislaw, Herzog zu Oppeln und Ratibor, erkauft hatte. Da aber Przemisl in Kurzem darauf starb, und ihm im Jahre 1240 auch seine Mutter die Königin Konstantia folgte; so behielt der König Ollmütz und Troppau für sich, und gab dem einige Jahre vorher entflohenen Heinrich wieder Brünn ein; das Lundenburger Gebiet aber Ulrichen, dem Sohne seiner Schwester Boleslawa und des Herzogs in Kärnten.

Mäh-

(*) Zu Kumrowitz oder Komarow bei dem Zusammenflusse der Schwarza und Zwitta gelegen.

F

J. Chr. 1240.

Mähren hatte sich unter der weisen Beherrschung Wenzls eben etwas erholet, als zwey ungeheure tatarische Heere aus dem innern Scythenlande, das eine vom Battus, das andere vom Peta, ihren Herzogen angeführt, Europa überschwemmten. Battus überfiel zuerst Bulgarien und Hungarn, Peta aber Reußen und Pohlen; von wannen dieser auch in Schlesien einbrach, und das ihm entgegen gestellte christliche Heer von ungefähr 30,000 Mann unter der Anführung Heinrichs, Herzogs zu Lignitz, in einem blutigen Treffen bei Wahlstadt unweit Lignitz meistens aufrieb. Erstgenannter Herzog Heinrich; Pompo, der Großmeister des Kreuzträger Ordens in Preussen; Boleslaw, der Bruder des Markgrafen Heinrichs, und mehrere andere vornehme schlesische und pohlnische Herren blieben auf dem Platze. Peta faßte nach diesem Siege den Entschluß, Mähren durchzustreifen, und sich dem durch Hungarn anrückenden Schwarme des Battus zu nähern: brach also ins Land herein, und ließ Jaroslawen von Sternberg, welchen König Wenzl dem bedrängten Mähren mit einigen tausend Böhmen zu Hilfe sandte, kaum so viel Zeit, daß er Ollmütz erreichen, und einige Anstalten zur Vertheidigung dieser Stadt treffen konnte; denn bald waren die schrecklichen Feinde vor der Stadt, und griffen sie samt dem Kloster Hradisch mit aller Macht an. Die Besatzung im Kloster zwangen sie auch durch eingeworfenes Feuer, dasselbe zu ver-

und Königen in Böhmen.

verlassen; sie fiel aus, und unter die Fein- J. Chr.
de, und Jedermann davon focht so lange,
bis jeder sein Leben so theuer als möglich
verkauft hatte, und der letzte tod auf dem
Platze lag. In der Stadt vertheidigte sich
Jaroslaw mit den Seinigen heldenmüthig.
Zu schwach, die ungeheure Anzahl der Be-
lagerer am Tage und im offenen Felde anzugreifen, wagte er endlich einen wohl vor-
bereiteten Ausfall zur Nachtzeit. Es gelang
ihm, die Feinde im Schlafe zu überfallen,
und er erlegte eine große Anzahl derselben,
darunter auch ihren Anführer Peta selbst,
und zog sich nach dem Siege, der großen
Macht der Feinde dennoch viel zu schwach,
in die Stadt zurück.

Die Tatarn aber nahmen in Kurzem dar-
auf, voll Traurens über den Verlust ihres
Anführers, nach ausgeübten unbeschreibli-
chen Verwüstungen und Grausamkeiten im
Lande, so weit sie es durchstreiften, ihren
Zug dem Heere des Battus in Hungarn
entgegen, und verließen Mähren. König
Wenzl ernannte hierauf den Helden und
Befreier des Landes Jaroslaw zu seinem
Statthalter, und schenkte ihm einen Theil
des Ollmützer Gebietes erblich, in welchem
dieser das nach seinem Namen genannte
Schloß Sternberg und eine Stadt dabei
erbaute.

Jaroslaw war das folgende Jahr eines 1242.
neuen Einfalls der Tatarn in Pohlen wegen
an der Grenze des Landes wachsam, als
Friedrich von Oesterreich einen abermaligen

J. Chr. Einfall in das Znaymer Gebiet that. Kö=
nig Wenzl sandte dem bedrängten Lande ei=
nige Hilfe aus Böhmen zu, welche die Ein=
gefallenen auch bald schlug, und aus dem
Lande trieb; worauf die Sieger, denen
Jaroslaw nach dem Rückzuge der Tatarn
selbst nachkam, wie gewöhnlich auch in De=
sterreich einbrachen, und bis an die Donau
eben so arg haußten, als es die Besiegten
in Mähren gemacht hatten. Endlich ward
wieder Friede, und in Folge dessen gab
Friedrich seine Tochter Gertrud dem zwei=
ten Sohne des Königs Wenzels, Wladis=
law, mit der Anwartschaft auf Oesterreich
zur Ehe, im Fall er ohne männliche Erben
absterben sollte.

1246. Dieser Fall ereignete sich im Jahre 1246
wirklich, und Wladislaw, dem sein Vater
kurz vorher das Znaymer Gebiet eingeräumt
hatte, übernahm die Beherrschung Oester=
reichs. Doch genoß er sie nicht lange, und
starb schon zu Anfang des folgenden Jahres;
worauf unter mehreren Mitwerbern um das=
selbe Hermann, Markgraf von Baden, De=
sterreich erhielt, und die Wittwe des Wla=
dislaw ehlichte.

Ulrich der Kärntner zu Lundenburg,
der wegen seiner Gemahlin Agnes von Oe=
sterreich ebenfalls an dieses Land Anspruch
machte, nahm es übel, daß ihm Hermann
von Baden vorgezogen ward, und bekriegte
ihn: aber so unglücklich, daß er selbst in
seines Feindes Gefangenschaft gerieth, aus
welcher er erst nach einiger Zeit loskam,

nach=

nachdem er mit Hermannen den Frieden dahin geschlossen hatte: daß dieser Oesterreich samt Steyermark lebenslang behalten, im Fall er ohne männliche Erben abstürbe, beide Länder an Ulrich und seinen Sohn fallen, wenn er aber Erben hinterließe, Oesterreich seinen, Steyermark aber Ulrichs Erben zufallen sollte.

Heinrich, Markgraf zu Brünn, war inzwischen schon im Jahre 1245 ohne männliche Erben gestorben. Allein erst nach vier Jahren gab der König den Mährern auf ihr inständiges Bitten seinen Sohn Przemisl zum Markgrafen. Kaum hatte dieser Mähren im Besitze, als er unter dem Vorwande, die Hungarn zu bekriegen, ein Heer aufstellte, und, mit einigen böhmischen Grossen heimlich einverstanden, in Böhmen einfiel, darin auch den Wischehrad und einige Städte einbekam. Er vermeinte schon, des Vaters Krone auf seinem Haupte zu haben, als der König, dem Ulrich der Kärntner zu Hilfe gekommen war, ihn in einem Treffen überwand, gefangen nahm, und um Gnade zu bitten zwang; die er auch nach einer kurzen Zeit, welche er im Gefängnisse zubrachte, für sich und seine Mitschuldigen, den Zorn des Königs fürchtende Mährer, erhalten hat.

Bald hernach starb Hermann von Baden, Herzog zu Oesterreich, mit Hinterlassung eines sehr jungen Sohns Friedrich. Seine Wittwe behielt durch kurze Zeit die Regierung; aber das Land, welches

86 Unter den Herzogen

J. Chr. von den Hungarn und Bayern angefallen wurde, bedurfte eines mächtigern Vertheidigers, und unterwarf sich dem Könige Wenzl, der Przemisln sandte, um an seiner Statt von Oesterreich und Steyermarkt Besitz zu nehmen. Dieser nahm die Schwester Friedrichs und Tochter Leopolds, der Herzogen zu Oesterreich, als Wittwe zur Gemahlin, und Ulrich von Kärnten, dessen Sohn eben gestorben war, trat ihm sein Recht an diese Länder ab.

1252.
Przemisl
wird Herzog in Oesterreich
u. Steuermarkt.

Bela IV. König in Hungarn, glaubte ein besseres Recht an Oesterreich zu haben, und begann einen Krieg, der für Mähren sehr verderblich war; denn die Hungarn fielen ins Land, und führten nebst anderem Raube auch sehr viele Menschen mit sich in die Knechtschaft. Doch richtete dieser Feind in der Hauptsache nichts, sondern ward in einem Treffen überwunden, und Przemisl blieb im Besitze der angetretenen Länder.

1253.
Wird König mit dem Beinamen Ottokar II.

Im folgenden Jahre überkam er auch noch nach dem Ableben seines Vaters, (des ersten Regentens in Böhmen und Mähren, dessen gegebene Gesetze ordentlich schriftlich gesammelt, und in einer ganzen Sammlung bei der Stadt Brünn bis an uns gekommen sind) die böhmische Krone, und da nach ihm kein anderer besonderer Markgraf mehr in Mähren übrig war, so ließ er das ganze Land durch Landeshauptleute verwalten. Der erste war Zdenko von Sternberg, Jaroslaws Sohn.

Im

Im zweiten Jahre seiner Regierung zog J. Chr. König Przemisl Ottokar II. und mit ihm 1254. Bruno, der Bischof zu Ollmütz mit seinem besondern Heere wider die ungläubigen Preußen zu Felde. Sie machten im folgen= 1255. den Jahre einen siegreichen Feldzug, zu dessen Andenken der König die heutige Hauptstadt Preußens Königsberg an der Pregel, der Bischof Bruno aber Brunsberg anlegte; und sie kamen mit Lorbern gekrönt zurück. Auf dem Heimzuge der Mährer nahmen diese das Land Schlesien hart mit, und Wladislaw, der Herzog zu Ratibor, fiel zur Vergeltung dafür in das Troppauer Gebiet feindlich ein; aber bald warb ihm sein Unternehmen in seinem Lande so nachdrücklich vergolten, daß er den Frieden mit Bezahlung 3000 Marken Geldes erkaufen mußte.

Bela IV. brach nach einigen Jahren wie= 1260. der den Frieden, kam mit einem ungeheuren Heere von Hungarn, Wallachen, Jazigen und Kumanen über die March bis unter das Schloß Falkenstein herangezogen, und verheerte alles, wo er hinkam. Ottokar sammelte indessen in Böhmen und Mähren in Eil eine Macht wider diese Schwärme. Die Mährer führte Bischof Bruno an, und aus Schlesien brachten ihm die Herzoge von Breslau und Oppeln auch eine ansehnliche Hilfe herbei. Ottokar selbst stand bei Lab an der Taya, und Bruno in der Gegend von Pohrlitz diesseits dieses Flusses, als Stephan, Belas Sohn, zur

J. Chr. Nachtzeit das Lager des letztern zu überfallen verſuchte, und durch die Taya ſetzte, aber irre geführt, an das größere Lager Ottokars ſelbſt gerieth. Darüber entſtand ein Treffen, während welchem auch Bruno mit den Seinigen herbeikam, und es endigte ſich mit einer gänzlichen Niederlage des hungariſchen Heeres. Nach dieſem großen Siege bat Bela um Frieden, und erhielt ihn.

1267. Im Jahre 1267 ernannte Ulrich II. der Herzog in Kärnten und Krain, und Herr zu Lundenburg, da er ohne Erben war, Ottokarn zum Erben ſeiner Länder; und auch die angrenzenden Völker in Friaul, zu Verona und in der Tarwiſer Mark unterwarfen ſich ſeinem Scepter. Der vorhergehende Sieg über die Hungarn und dieſe neu erlangten Länder machten ihn aber hochmüthig, und dieſer Hochmuth war in der Folge die Urſache ſeines Untergangs, welcher beinahe auch jenen ſeines Reichs nach ſich gezogen hätte. Er ließ ſich im Jahre 1261 von Margareth ſeiner unfruchtbaren Gemahlin ſcheiden, während welcher Ehe er einen Sohn Nikolaus und verſchiedene Töchter unehlich gezeugt hatte, und nahm Kunegunden, eine Tochter Hoſtislaws, eines Herzogs der Bulgaren, eine Nichte des Königs Bela, mit derer Oheim er dadurch gänzlich ausgeſöhnt ward. Da aber dieſer ſtarb, gerieth Ottokar mit deſſen Sohne Stephan IV.

1270. abermal in einen Krieg, der bis in das zweite Jahr zum Nachtheile der Hungarn fortdauerte, und für Ottokarn ſehr glücklich aus-

ausfiel: welcher darauf mit diesem seinem J. Chr.
Feinde, der auch von den Bulgaren ange=
griffen ward, einen rühmlichen und vortheil=
haften Frieden schloß.

Nach einer kurzen Ruhe auf diesen Krieg
gieng es an einen weit heftigeren, in wel=
chem Ottokar am Ende unterlag, und um=
kam. Dieser mächtige König schlug die ihm
im Jahre 1261 von den deutschen Fürsten
angebotene Kaiserkrone stolz aus; bereuete
es aber in der Folge, und suchte nach eini=
gen Jahren die gering geachtete Krone ver=
geblich.

Rudolph, Graf von Habsburg, der
einige Jahre vorher an Ottokars Hofe ge=
lebt hatte, ward im Jahre 1273 zu dieser
Würde gewählet; und Ottokar weigerte sich,
den neuen Kaiser zu erkennen.

Dieser schloß erst mit den meisten Für=
sten Bündnisse, und da er sich von diesen
eines genugsamen Beistandes versichert hat=
te, so berief er den König vor den Reichs= 1273.
tag. Ottokar sandte aber nur einen Ab=
geordneten dahin, der noch dazu wider den
Kaiser protestiren mußte.

Dieses Betragen und die Beschwerden
der österreichischen Länder über die harte
Beherrschung Ottokars bewog den Kaiser,
von ihm zuerst die Abtretung dieser Länder
durch Gesandte zu begehren, und da er die=
ses verweigerte, ihn mit Krieg zu überzie=
hen. Kaum kam das kaiserliche Heer in 1276.
Oesterreich, als ihm beinahe das ganze Land
zufiel. Wien selbst folgte dem Beispiele der
übri=

übrigen Städte; und Bruno, der Ollmützer Bischof, welcher daselbst in Ottokars Namen Befehl ertheilte, entkam den Händen der aufrührischen Bürger kümmerlich in einem Nachen über die Donau in des Königs Lager. Dieser unglückliche Anfang veranlaßte Ottokarn, Frieden zu suchen, und er kam auch dahin zu Stande: daß Ottokar Rudolphen als Kaiser erkennen, die Länder Oesterreich, Steuermark, Kärnten und andere mehr dessen und des Reichs Erkenntniß überlassen, den Hungarn das ihrem Reiche Entrissene zurückgeben, und dem jungen Rudolph, des Kaisers Sohn, seine Tochter Agnes, seinem Sohne Wenzl aber des Kaisers Tochter Gutha zur Ehe geben sollte. Ottokar glaubte, durch diese Heurathen die angetretenen Länder doch wieder zu erhalten, und schwur dem Kaiser auf der Donauinsel Kamberg im Angesichte beider Heere den Eid der Treue unter einem Zelte zu, welches während dieser Handlung zusammen fiel, und den stolzen König, den spottenden Deutschen, und den darüber erzürnten Böhmen auf den Knieen liegend sehen ließ. Ottokar verbiß damals seinen Verdruß, und kehrte zum erstenmal ohne Sieg und ohne Ruhm über Brünn nach Prag zurück. Aber die Vorwürfe seiner Gemahlin über die Abtretung so vieler Länder, ihre Aufmunterung zur Rache, und die Nachricht, daß der Kaiser die Länder Oesterreich, Steuermark und Krain seinem Sohne Albrecht, Kärnten aber Meinhar=

harden, Grafen in Tyrol, bestimmte, brach= J. Chur=
ten auch ihn zu dem Entschlusse, die Waffen
nochmal zu ergreifen, nachdem er sich noch
kurz vorher, sehr zur Unzeit, durch aller=
lei Gewaltthätigkeiten bei vielen vornehmen
böhmischen Herren verhaßt gemacht hatte.
Er brachte ein ansehnliches Heer von Böh=
men und Mähren zusammen, welches er
noch mit vielen aus Bayern und Thürin=
gen um Geld gedungenen Haufen vermehr=
te, und erhielt auch von den Herzogen zu
Breßlau und Oppeln Hilfe. Der Kaiser
aber bereitete sich gegen diesem Angriff eben=
falls, und hatte nebst seinen Söhnen und
Verwandten den Erzbischof zu Salzburg,
den Bischof zu Basel, Alberten von Görz,
Meinharden von Tyrol, und andere Für=
sten mehr, auch bei 20,000 Kumanen, die
ihm Ladislaw, König Stephans IV. Sohn,
zuführte, bei sich.

Diese zwei großen Heere stießen in Oe=
sterreich auf dem sogenannten Marchfelde
an einander, und das Treffen, zu dessen
Anfang der Kaiser in nicht geringer Gefahr,
und schon vom Pferde herabgerissen war,
hatte den traurigen Ausgang, daß der streit=
bare so oft sieghafte Ottokar, nachdem ihn
Milota von Rosenberg, der Anführer der
Mährer, mit seinem Haufen verlassen hatte,
unterliegen mußte, und selbst unter vielen
Streichen todt blieb, seine ganze Macht aber
zerstreuet wurde.

Mähren erlitt nach dieser Niederlage
Ottokars von den unter dem Heere des
Kai=

J. Chr. Kaisers streitenden Kumanen in dem Znay=
mer und Lundenburger Gebiete bis an
Brünn eine so grausame Verheerung, daß
das kurz vorher blühende Land nichts als
zerstörte oder ausgebrannte Oerter darzeigen
konnte, und einer Wüste ähnlich sah. End=
lich trieb sie doch vorgedachter Milota von
Rosenberg und sein Vetter Zawisch aus dem
Lande hinaus.

Hierauf verließ zwar der Kaiser dem
achtjährigen Sohne des erschlagenen Otto=
kars, Wenzl, den Frieden, mit dem Be=
dinge: daß, im Fall er ohne Erben abster=
ben sollte, Rudolph, der Gemahl seiner
Schwester Agnes ihm nachfolgen sollte; aber
das Elend Böhmens und Mährens stieg erst
aufs höchste, als in den nächsten Jahren ei=
ne ungemeine Hungersnoth, und auf diese
die Pest einfiel; welche Plagen einen gros=
sen Theil der Inwohner aufrieb, oder aus
dem Lande zu fliehen zwang.

Otto von Brandenburg, der Schwe=
stersohn Ottokars, hatte indessen die Vor=
mundschaft über den jungen Wenzl und die
Beherrschung Böhmens auf sich genommen,
Milota von Rosenberg aber war Statt=
halter in Mähren.

Ersterer brachte das Land durch seine
Tyrannei und Raubsucht auf das äußerste;
und der andere ließ geschehen oder konnte
nicht hindern, daß viele, auch manche von
gutem Adel, ein Gewerbe von der Räube=
rei machten, einige feste Schlösser in ihre
Gewalt brachten, und aus solchen ganze Ge=
genden

genden durchstreiften. Diesem Uibel wurde J. Chr.
auch eher nicht gesteuert, bis der junge König Wenzl, der im Jahre 1283 aus der 1283.
Mark zurückgekommen war, und die Regie= Wenzl II.
rung selbst übernommen hatte, wider diese König.
mächtigen Räuber einen ordentlichen Feld=
zug vornahm, sie theils mit Drohungen zur
Unterwürfigkeit brachte, theils aber durch
gewaltsame Eroberung ihrer Raubnester be=
zwang, und also diesen Gewaltthätigkeiten 1287.
ein Ende machte.

Mähren hatte hierauf nur eine kurze
Zeit vollkommene Ruhe; denn der schon ge=
dachte Zawisch von Rosenberg, welchen
Ottokars Wittwe Kunegund geheurathet,
und mit ihr das Lundenburger Gebiet zur
Mitgift erhalten hatte, nahm nach ihrem
Absterben die Schwester König Ladislaws III.
in Hungarn zur Ehe, und nahm eigenmäch=
tig den Titel eines Markgrafen in Mähren
an. Aber er fiel in Kurzem in des Königs
Gewalt, und verlor am 24sten des Erndte=
monats im Jahre 1290 den Kopf; worauf
der König das Lundenburger Gebiet seiner
Schwester Agnes, der Gemahlin Rudolphs,
welche gleich darauf noch im Jahre 1290 1290.
zu Prag gestorben ist, übergab.

Indessen daß König Wenzl die ihm nach
Kaiser Rudolphs Tode angetragene Kaiser= 1291.
krone nicht aus Stolz, wie sein Vater, son=
dern aus Bescheidenheit ausschlug, das ihm
auch selbst angebotene Reich Pohlen aber an=
nahm, den Hungarn auf ihr Bitten seinen
jungen Sohn Wenzl zum König gab, (den

er

J. Chr. er aber; weil andere den Karl Robert aus Neapel zum Reiche einluden, bald wieder zurückrief) und mit dem Albrecht von Oesterreich, nachmaligen Kaiser, in einige Verbrüßlichkeit gerathen war, die doch zu keinem Kriege ausschlug, indem er ihm nach
1298. Kaiser Adolphs von Nassau Tode seine Stimme zum Kaiserthume gab, genoß Mähren einer ziemlichen Ruhe zu seiner Erholung.

Im Jahre 1304 entstand aber zwischen eben diesem Kaiser und König Wenzln ein Krieg wegen des Zehends, den der Kaiser von den böhmischen Silberbergwerken forderte, welcher vorher niemals war gegeben worden. So leicht nun zwar derselbe auch in Böhmen ohne einiges Blutvergießen beigelegt ward, so eine schädliche Folge hatte solcher doch für Mähren; denn es fielen in dessen südliche Gegenden einige Haufen Kumanen und Hungarn ein, die dem Rudolphen von Oesterreich zum Beistande gekommen waren, und, ohne das Rudolphen selbst angehörige Lundenburger Gebiet zu schonen, die gräulichsten Verheerungen anrichteten, auch so lange unter dem Volke wütheten, bis sie endlich durch die Hilfe Rudolphs selbst mit vieler Mühe hinausgetrieben werden konnten.

Der gute fromme König starb im Jahre
1305. 1305, und sein einziger Sohn Wenzl III.
Wenzl III. dessen Sitten jenen seines Vaters ganz unähnlich waren, bestieg den Thron, den er nur sehr kurze Zeit besaß. Denn als er im folgenden Jahre auf einem vorhabenden Feldzug=

zuge in Pohlen einige Zeit in Ollmütz ver= J. Chr.
weilte, ward er daselbst eines Nachmittags
in der Wohnung des Domdechants, als er
sich allein im Zimmer befand, durch drei 1306.
tödtliche Stiche im 22sten Jahre seines Al=
ters ermordet, ohne daß man den Mörder
entdecken konnte. Dieser, da er unvermählt
starb, war der letzte König Böhmens aus
dem männlichen Stamme Przemiels und
Libussens. Aber noch waren damals dreier=
lei männliche Nachkommen dieses fürstlichen
Geschlechts in den uralten Herren von Sla=
wata, Schwihow und Czernin vorhanden:
indem die erstern vom Slawata, der um
die Mitte des neunten Jahrhunderts Herzog
zu Satz in Böhmen war; die Schwihowe
vom Theobalden, und das noch jetzt blü=
hende Geschlecht der Grafen von Czernin
vom Heinrich, zween Brüdern des Königs
Wladislaw, abstammen.

Unter den Königen und Markgra= fen aus dem Hause Lützenburg und verschiedenen andern Häusern.

Bald nach Wenzls Tode waren die Böh=
men zwar am meisten für Heinrichen,
den Herzog in Kärnten, geneigt, welcher
Anna, des letzten Königs Schwester, zur
Ehe hatte, und damals eben in Prag an=
wesend

wesend war; aber einige waren doch auch der Verbindungen ihrer letzten Könige mit den Fürsten Oesterreichs eingedenk, und stimmten für Rudolph, Kaiser Albrechts Sohn, welcher auch bald durch Mähren, dessen er sich zum Theile bemächtigt hatte, über Znaym, Jamnitz, Teltsch und Iglau mit einem Heere in Böhmen einbrang, und da von der andern Seite auch der Kaiser selbst schon angerückt war, zum König angenommen wurde. Allein seine Regierung war von kurzer Dauer, denn er starb im folgenden Jahre bei der Belagerung des Schlosses Horazdiowitz an einem Durchfalle von zu viel genossenem Obste.

Die Böhmen wählten nach dessen Tode den schon vor diesem gewählten Heinrich aus Kärnten nochmals; der Kaiser aber drang ihnen seinen zweiten Sohn Friedrich, des verstorbenen Rudolphs Bruder auf, und also bekam das Reich abermal zween Könige.

Der Kaiser unterstützte zwar Friedrichen mit einem mächtigen Heere, und die Mährer, unter welchen der Landeshauptmann Tobias von Czernahora und Woko von Krawarz die ansehnlichsten waren, hiengen ihm vielleicht mehr aus Furcht vor einem Uiberfalle aus Oesterreich, als aus Neigung an; aber die Böhmen hielten standhaft an ihren Heinrich, und da Kaiser Albrecht im Jahre 1308 am 1sten Mai, eben in der größten Zubereitung zum Kriege begriffen, ermordet ward, so blieb dieser auch im Besitze der Krone. Doch auch Heinrich trug

sie

sie nicht lange. Den Böhmen ward seine J. Chr.
Härte und sein Geiz unerträglich, denn er
übte ungemeine Erpressungen im Lande aus,
und schleppte alles Silber und Gold in
Kärnten hinaus. Sie sprachen ihm also das
Reich ab, und boten es Kaiser Heinrichen VII.
für seinen Sohn Johann mit dem Bedinge
an, daß er die jüngste Tochter König Wenzels II.
ehliche.

Dieser nahm das angebotene Reich mit 1311.
der Braut an, ließ sich solche am 5ten Hor- Johann
nung des Jahrs 1311 zu Speyer beilegen, burg Kö=
und eilte in Böhmen zur Besitznehmung sei= nig.
nes Throns, woher er schon im Maimo-
nate in Ollmütz eintraf, und auch die Mäh=
rer in Pflicht nahm; worauf er vom Erz=
herzoge Friedrich von Oesterreich das noch
immer in dessen Gewalt befindliche Znay=
mer Gebiet auch eingeräumt erhielt, und mit
ihm einen ordentlichen Vergleich schloß. (*)

Als

(*) In diesem Jahre ward der auch in Mähren sehr
mächtig gewesene Tempelherrenorden aufgehoben,
doch war dessen Vertilgung hier nicht so blutig,
wie in Frankreich und Italien. Die ansehnlich=
sten und festesten Besitzungen desselben in diesem
Lande, welche der Orden durch mächtige Mit=
glieder von dem Jahre 1252 an überkommen hat,
waren folgende: der Spielberg, Eichhorn, Or=
low, Luka bei Oelsen, Maydenburg, Auster=
litz, Kanitz, Mowibrad, Mitrow, Rositz, Let=
towitz, Czernahora, Obrzan, Ratschia, Kun=
stadt, Krzetin, Butschowitz im Brünner: Ho=
henstadt, Plumenau und Tobitschau im Ollmü=
zer; Stramberg, Helfenstein und Prerau im
Prerauer; Tempelstein, Namiesst, Bromau,
G Böt=

J. Chr.   Als hierauf der König nach Prag zurück
gieng, richteten einige vom Adel abermal ei=
nige Raubnester im Lande auf, und trieben
das Raubgewerbe aus ihren festen Schlös=
sern in die angelegenen offenen Gegenden
so lange, bis jener im folgendem Jahre wie=
ber selbst ins Land kam, und diese Schlösser
1312. größtentheils mit Gewalt eroberte und zer=
störte. (*)

Nach Heilung dieses einheimischen Uibels
1315. fiel Mathäus, Graf zu Trentschin, Pa=
latin in Hungarn, im Frühlinge des 1315.
Jahres mit einer ansehnlichen Macht ins
Land, und drang bis an die March bei
Hradisch hervor. Johann kam ihm aber
bald entgegen, und lieferte ihm ein glück=
liches Treffen, nach welchem er ihn bis an
die Wag verfolgte, und dessen eigenes Land
eben so stark verheerte, als er es in Mäh=
ren gethan hatte. Nach dieser genommenen
Genugthuung ward Stillstand gemacht.

Noch in diesem Jahre entstand zwischen
dem Könige und den Großen des Landes des=
wegen ein Mißvergnügen, daß ersterer lau=
ter Deutsche an seinem Hofe hatte, und zu
Rath

Döttau, Jamniz, Jayspiz und Krawihora im
Znaymer; Stramberg, Pirniz und Messeritsch
im Iglauer; dann Lukow, Buchlau, Cymburg
und Straznitz im Hradischer Kreise.

(*) Hierunter waren vornämlich das Schloß Un=
gersberg bei Trebitsch, Oeblin, Drahotusch
und Retschitz.

Rath zog, woran auch viele mährische Her= J. Chr.
ren Theil nahmen, an deren Spitze Hein=
rich von Wartenberg, Herr auf Dürnholz,
war, welchen der König kurz vorher zum
Landeshauptmanne gesetzt hatte; diese Miß=
vergnügten unterhielten mit Friedrichen von
Oesterreich ein heimliches Verständniß wider
ihren König. Das erste Feuer ward zwar 1315.
in Kurzem durch die Gefangenschaft Hein=
richs von Lippa, der das Haupt der un=
zufriedenen Böhmen war, und durch den
Tod des Wartenbergs, welcher die königli=
chen Völker zwar aus Mähren herausgetrie=
ben hatte, darüber aber bei Böhmisch Ko=
steletz durch einen Pfeilschuß selbst ums Le=
ben kam, gedämpfet. Aber bald loderte es
in hellere Flammen auf, als der von Lippa
aus dem Kerker entkam, und sich mit einem
noch größern Anhange, als der erste war, 1318.
ganz in den Schutz Friedrichs von Oester=
reich ergab. Der König hielt sich mit sei=
ner Gemahlin eben in Brünn auf, als je=
ner gählings mit einigen Reiterhaufen vor
der Stadt erschien. Vergebens bemühte sich
der König, ihn zur Treue zu bereden; und
weil er sich hier nicht mehr sicher glaubte,
so übergab er das Land dem Bischofe Kon=
rad zu Ollmütz, und Wilhelmen von Lom=
nitz zur Besorgung, er selbst aber eilte mit
seinem Hofe nach Böhmen, wo er kaum zu
Prag anlangte, als auch schon die Nachricht
erscholl: daß die Oesterreicher Znaym durch
Verrath überwältiget haben, von den Mäh=
rern aber einige zwar dem Könige treu ver=

G 2   blie=

3. Chr. blieben, und sich den Aufrührern widersetzt hätten, andere aber ebenfalls abgefallen seyn.

Unter den erstern waren der Bischof und der von Lomnitz, dann die Herren von Kunstadt, von Bossowitz und von Sowinec. Diese brachten einige Haufen zusammen, die unterm Johann von Bossowitz gegen Znaym vorrückten, und bis in Oesterreich streiften. Zwar mußten sie von dannen bald zurückweichen; aber bald vereinigten sie sich mit dem vom Könige, der sich indessen mit seinen Böhmen ausgesöhnt hatte, unter dem versuchten Helden Plichta von Zierotin zugesandten Heere, und rückten wieder vor. Obschon nun diese Macht die Oesterreicher in einem Treffen zur Flucht brachte, und die Belagerung Znayms unternahm; so erwirkte sie doch nicht mehr, als einen zweyjährigen Stillstand, während welchen Johann sein Recht an Pohlen auszuführen, Friedrich aber seinem Mitwerber Ludwig aus Bayern die Kaiserkrone abzugewinnen suchte. Nach dem Ausgange des Stillstandes gieng der Krieg mit voriger Heftigkeit wieder an, und warb so lange zwischen den Mährern und Oesterreichern mit abwechselnden Vortheilen fortgeführet, bis endlich Ludwig der Bayer Friedrichen aus Oesterreich, seinen Gegenkaiser, mit Beistande König Johanns in der berufenen Feldschlacht bei Mühldorf überwand, und ihn selbst samt seinem Bruder Herzog Heinrich gefangen bekam, welchen letztern er dem Könige überließ. Dieser gab jenem im folgen-

genden Jahre, seine Freiheit und den Frie- J. Chr.
den gegen die Zurückgabe der Stadt Znaym, 1324.
und anderer in der Gewalt der Oesterreicher
gewesenen Schlösser in Mähren, und gegen
Bezahlung tausend Marken Silbers zu Han-
den des Königs. (*)

Nach kurzer vollkommener Ruhe im Lande entstand im Jahre 1328 zwischen Hein- 1328.
richen von Lippa, Herrn auf Kromau,
und einem österreichischen Herrn von Kuen-
stein eine ernstliche Fehde, welche endlich in
einen ordentlichen Krieg ausbrach, worein
selbst die Landesherren verflochten wurden.
Da aber Friedrich, Herzog zu Oesterreich,
zu gleicher Zeit mit seinen eigenen Brüdern
in Zwist gerathen war, und seine Macht
gegen diese gebrauchen mußte, den Mährern
hingegen König Johann selbst mit einem
Heere zu Hilfe kam; so fiel dieser Krieg nur

G 3 für

(*) Diesen wichtigen Sieg halfen unter König Johann nebst dem Plichta von Zierotin, der auf
dem Platze blieb, nachfolgende Helden aus mährischen Geschlechtern erfechten, welche hernach
vom Kaiser Ludwig zu Rittern geschlagen wurden: Heinrich von Hzieżan, Heinrich Letowez und
Johann Trnka von Bossowig, Marzik von
Krawihora, Smilo und Wacek von Namiesst,
Ulrich von Ludanig, Moriz von Kunstad,
Heinrich Piniuwek von Sowineg, Stephan von
Tempelstein, Johann von Martinig, Georg
von Bukowin, Georg von Schwabenig, Niklas
von Olbramowig, Niklas von Wiezkow, Bor-
żek von Tassow, Tobias von Bitkig, Geralt von
Kaunig, Peter von Strażek, Zdislaw von Ku-
nowig, Jaroff von Kornig und andere mehr.

J. Chr. für Oesterreich unglücklich aus, dessen Herzog nach erfolgter Verwüstung seines Landes bis an die Donau, den Frieden erbitten mußte, und erhielt.

1329. König Johann unternahm im folgenden Jahre einen Zug wider die ungläubigen Litthauer, und kehrte nach verschiedenen erfochtenen Siegen zurück, indessen er gedachten Heinrich von Lippa zum Landesverweser in Mähren angestellt hatte.

Während daß hierauf der König einen Zug in Italien, um die Unruhen zwischen den Guelphen und Gibellinen beizulegen, vornahm, und einen großen Theil dieses Landes wirklich bezwang, fiel Erzherzog Otto, der nach seiner Brüder Friedrichs und Leopolds Tode die österreichischen Länder mit Albrecht dem Lahmen beherrschte, feindlich in Mähren ein, und bemächtigte sich nebst Lundenburg noch einiger minder wichtigen Oerter an beiden Seiten der Taya. Er behielt aber nur ersteres allein besetzt, und zog zurück, als Johann von Lichtenberg mit den in Eil zusammen gebrachten Mährern einen seiner streifenden Haufen erlegte. Der König eilte auf die hievon erhaltene Nachricht zurück, und ließ seinen Sohn Karl in Italien. Er zog sogleich wider die Oesterreicher zu Felde, nahm ihnen Lundenburg ab, und schlug sie samt den mit ihnen vereinigten Hungarn in einem Treffen, nach welchem Siege er sich bis an die Donau ausbreitete. Obwohl Kaiser Ludwig ihm auch nebst den Hungarn noch die

Poh=

Pohlen auf den Hals hetzte; so brachte er J. Chr.
doch die weit mächtigeren gesamten Feinde
alle durch seine Tapferkeit zum Weichen, oh- 1331.
ne daß es zu einem Treffen kam: und kehrte siegreich in Mähren zurück, wo er Benes-
schen von Wartenberg und Johann von
Boskowitz, den Krieg ganz zu endigen, zurück ließ, selbst aber nach Prag, und von
dannen abermals in Frankreich und Italien
gieng.

 Diese Statthalter führten im folgenden
Jahre den Krieg so lange mit wechselndem 1332.
Glücke in dem österreichischen Lande fort,
bis sie sich zuletzt in ein Thal bei dem Schlosse
Kreitzenstein locken ließen, wo sie von einer
viel größeren Menge überfallen, ungeachtet
ihres heldenmüthigen Widerstandes, eine
ziemliche Niederlage erlitten. (*) Der Frieden kam hierauf erst nach der Zurückkunft
des Königs zu Stande, der dem Erzherzoge
seine Tochter Anna zur Ehe, und die Stadt
Znaym mit dem Lundenburger Landesantheile zur Mitgift gab.

G 4   Im

(*) Die Heerführer der Oesterreicher waren Ulrich
von Pohlheim und Otto von Waldsee. Von
den edeln Mährern blieben im Treffen: Benesch
von Wartenberg, Jarois von Wlaschim, Jeffo
von Policzan, Zbinek von Daubrawig, Daniel
von Rostelig und andere, welche zu Korneuburg begraben wurden. Gefangen aber wurden
nach Wien geführt: Heinrich und Johann, Brüder von der Lippa, Marquard von Wlaschim,
Smilo von Ronow, Hynek von Mitrow, Otto
von Rottstein und andere mehr.

J. Chr.
Karl,
Markgraf.
1334.

Im Jahre 1334 kehrte Karl der erstgeborne Sohn des Königs aus dem italiänischen Kriege, wo er in einigen Treffen Sieger war, zurück, und erhielt vom Vater das Land Mähren mit dem Titel eines Markgrafens. Eine seiner ersten Verrichtungen war, daß er die während den gewesenen Unruhen nach und nach von einigen mächtigern Geschlechtern des Landes eben nicht mit bestem Rechte besessenen vormaligen markgräflichen Tafelgüter und Schlösser, welche sie nicht in Güte zurückgeben wollten, mit gewaffneter Hand abnahm; wobei ihm der übrige Adel mit allen seinen Kräften beistand. (*)

1335.
Hierauf nahm er auf Geheiß seines Vaters einen Zug in Schlesien wider den Herzog von Münsterberg vor, und erwirkte die nachher vom Kasimir, König in Pohlen, geschehene Abtretung des ganzen Landes Schlesien an die Krone Böhmen, dagegen Johann seinem Rechte an Pohlen entsagte, und diesem Lande den von Altersher schuldigen Tribut erließ. (**)

Im

(*) Die vornehmsten Oerter waren die Schlösser: Spielberg, Lukow, Brumow, Eichhorn, Aufsee, dann die Städte: Littau, Eybenschitz, Jamnig und Teltsch.

(**) Dieser Vergleich geschahe zu Trenschin und Viseegrad in Hungarn zwischen beiden Königen im Beiseyn des dritten, Karls zu Hungarn; und Kasimir bestätigte solchen mit Beistimmung der Großen seines Reichs in der Folge zu Krakau. Alles dieses geschahe im Jahre 1335.

Im folgenbem Jahre entstand nach dem J. Chr. Tode Heinrichs, Herzogs in Kärnten und 1336. Krain, ein Krieg um dessen Länder, die der Kaiser dem Erzherzoge Otto verlieh; der König aber für seinen zweitgebornen Sohn Johann begehrte, der des Erblassers einzige Tochter Margareth geehlicht hatte. Oesterreich wurde angefallen und verheeret, und hierauf erfolgte ein Vergleich, kraft welchem Otto dem Könige Znaym und das Lundenburger Gebiet zurückgab, und für sich Kärnten behielt; Johann aber die Grafschaft Tyrol mit dem Gebiete an der Etsch eingeräumt bekam. (*)

Karl nahm hierauf einen mehrmaligen 1337. Zug in Italien vor; den er glücklich vollbrachte, während welchen König Johann von seiner Gemahlin Beatrir von Bourbon einen Sohn Namens Wenzl erhielt, der in der Folge Herzog zu Lützenburg ward, und durch Heurath auch Brabant überkam.

Mähren erlitt im Jahre 1338 eine große Verwüstung von ungeheuren Schwärmen Heuschrecken, die aus Hungarn und Oesterreich gekommen waren, und auch Böhmen und Pohlen mitnahmen.

(*) Eben diese Margareth, mit dem Beinamen die Maultasche, verließ in der Folge diesen ihren Gemahl, und heurathete im Jahre 1342 Ludwigen, Markgrafen zu Brandenburg, den Sohn Kaiser Ludwigs, worüber um die ihr angehörigen Lande neue Kriege entstanden.

J. Chr. Niklas II. Herzog zu Troppau, fiel um diese Zeit seiner Grausamkeit wegen, worüber dessen Unterthanen viele Klagen führten, und anderer Ausschweifungen, derer er beschuldigt ward, in des Königs Ungnade; und dieser hatte schon beschlossen, ihn seines Landes zu entsetzen. Doch jener unterwarf sich, verhieß Besserung, und hatte die Fürbitte Karls für sich. Alles dieses zusammen erwarb ihm Gnade; nur mußte er dem König einige an Mähren angrenzende Schlösser: Fulnek, Freudenthal, Wittkow und Kuda mit ihrem Gebiete an Mähren abtreten.

1343. Im Jahre 1343 ward Boleslaw Herzog zu Schweidnitz, welcher den Pohlen anhieng, zum Gehorsam gebracht.

1345. Er fiel aber nochmal ab, und darüber entstand ein Krieg, in welchem die Pohlen erst einen Einfall in das Troppauische thaten, aber selbst ins Gedränge kamen; denn sogar Krakau wurde belagert, bald aber kam auch wieder ein vollkommener Friede zu Stande. (*)

1346. Karl IV. Kaiser u. König in Böhmen. Im Heumonate des Jahrs 1346 ward Karl zum Kaiser gewählt; und da am 26sten Herbstmonats darauf König Johann in dem

Tref-

(*) Czenko von Lippa, Landeshauptmann in Mähren, trieb die Pohlen aus dem troppauischen Gebiete hinaus, ehe noch die Böhmen zu Hilfe kommen konnten, hatte aber das Unglück, daß er in der hitzigen Verfolgung derselben mit vielen andern Mährern in ihre Gefangenschaft gerieth.

Treffen bei Kreſpy, in welchem er Philipp J. Chr. dem ſchönen Könige in Frankreich wider die Engländer beiſtand, umkam, ſo erlangte er faſt zu gleicher Zeit auch die Regierung ſeines Erbreiches. (*)

Er übergab Mähren ſeinem Bruder Jo- 1349. hann, ſo wie er es ſelbſt von ſeinem Vater Johann, bekommen hatte, das iſt: mit dem mark- Markgraf gräflichen Titel, mit Vorbehaltung der Ober- in Mähre. herrlichkeit, und mit Ausnahme des Ollmützer Bisthums und des Herzogthums Troppau, als beſonderer Fürſtenthümer, welche er ſo, wie ſeine Vorfahrer, von aller Abhängigkeit von den Markgrafen ausnahm, und allein dem Könige und der Krone von Böhmen unterworfen haben wollte.

Um dieſe Zeit begann für die Länder Böhmen und Mähren ein goldenes Zeitalter. Sie genoſſen einer erwünſchten Ruhe; es wurden Städte hergeſtellet, Schlöſſer erbauet, Geſetze verbeſſert, ordentliche Gerichte beſtellet, und Jedermann erfreute ſich der vorhin ſo ſeltenen öffentlichen Sicherheit. Der Markgraf Johann nahm im Jahre 1350 1350. Margarethe, die Tochter Herzogs Niklas zu Troppau und Ratibor, zur Ehe, die ihm nach und nach drei Söhne: Joſt, Johann

---

(*) König Johann, deſſen ganzes Leben nur Kriege und Schlachten war, ließ ſich wider aller Rath, weil er ſelbſt ſtockblind war, in das Treffen bringen, wo es am ſchärfſten hergieng, fand. alſo ſeinen Untergang in ſeiner ungemäßigten Verwegenheit.

108 Unter den König. und Markgraf.

J. Chr. hann Sobieslawek und Prokop, dann zwo Töchter die Katharine und Elisabeth gebahr.

1355. Im Jahre 1355 mußten doch wieder einige Raubschlösser im Lande mit Gewalt erobert und zerstört werden, woraus die Besitzer derselben nach voriger Gewohnheit öfters ganze anliegende Gegenden ausraubten und unsicher machten. (*)

1362. Nach einigen Jahren entstand zwischen den Hungarn und den angrenzenden Mährern ein Zwiespalt, der beinahe zum Krieg ausgebrochen wäre, jedoch für dießmal noch vermieden ward. Als auch die Hungarn

1369. hierauf im Jahre 1369 unversehens bis in die Gegend von Hradisch feindlich ins Land streiften, kam es bald wieder zum Frieden.

1372. Und in Kurzem hernach bestimmte Ludwig, König in Hungarn, Siegmund den fünfjährigen zweiten Sohn Karls zum künftigen Gemahl für seine einzige Tochter Maria, und nahm ihn zur Erziehung an seinen Hof, wodurch die Freundschaft zwischen beiden Reichen noch fester hergestellt wurde.

1375. Im Jahre 1375 am 12ten Wintermonats starb in Brünn der fromme vielgeliebte Markgraf Johann Heinrich, geboren am 12ten Hornung des 1322sten Jahrs, und ihm folgte Kaiser Karl selbst am 29sten

---

(*) Unter diesen waren namentlich: Rabenstein bei Römerstadt, dann Jaworek und Dalečin an der böhmischen Grenze.

Wintermonats des 1378sten Jahrs, dessen J. Chr. Geburtstag der 14te Mai des 1316ten Jahrs war. 1378.

Im Kaiserthume sowohl, als im Erb= Wenzl IV. reiche Böhmen folgte Karln sein im Jahre König u. 1361 geborner., schon längst zum Könige auch Kai= gekrönter älterer Sohn Wenzl, Mähren aber ser. theilten die Brüder Jost und Prokop, Söh= Jost und ne des Markgrafs Johann, in gleiche Theile Prokop, untereinander. (*) Markgra= fen in

Der Anfang der Regierung des neuen Mähren. Königs war gut, bald aber überließ er sich seinen Leidenschaften, insonderheit der Grau= samkeit und einer Nachlässigkeit in den Ge= schäften, die ihm später den Beinamen des Faulen zuwegen brachte.

Eine sehr um sich greifende Seuche hat= te Mähren im Jahre 1380 sehr entvölkert, 1380. und dieser Verlust war noch nicht ersetzet, als es die Hungarn unter Anführung eines 1383. gewissen Stephan Konthius aus bloßer Raubbegierde abermal mit mächtigen Hau= fen bis in die Gegend von Holeschau und Hradisch überzogen und verheerten. Die beiden Markgrafen setzten sich den Feinden zwar entgegen, aber obwohl sie von dem größ-

---

(*) Derselben mittlerer Bruder Johann war Bi= schof zu Leitomischl, wurde nachher im Jahre 1387 von seinen Brüdern zu dem Ollmützer Bis= thume eingedrungen, vom Pabste aber zu Her= stellung des Friedens in das Patriarchat von Aquileja versetzet.

größten Haufen derselben einsmal in einem Treffen bei 4500 Mann erlegten, und andere 3000 gefangen bekamen; (*) so währte das Rauben derselben, da sich der König um Mähren gar nicht bekümmerte, doch noch bis zum Jahre 1386 fort, in welchem Siegmund, der jüngere Sohn Karls IV. welcher nach des Vaters Tode die von ihm erkaufte Mark Brandenburg bekommen hatte, nach Ermordung König Karls II. in Hungarn, eines Brudersohns Königs Ludwig, den hungarischen Thron, der ihm von seiner Gemahlin gebührte, selbst bestieg und Ruhe schaffte.

Die Brüder Markgrafen Jost und Prokop geriethen einige Zeit hernach selbst feindlich aneinander. Ersterer hielt es mit Siegmunden, König Wenzln aber hieng der letztere treulich an. Wenzl wurde im Jahre 1394 von seinen Böhmen gefangen genommen, entkam ihnen aber nach viermonatlicher strenger Gefängniß aus dem Bade durch Hilfe einer Magd über die Moldau in Freiheit,

---

(*) Von den mährischen Edeln und Helden, die sich in diesem Treffen hervorgethan, hat die Geschichte folgende angemerket: Bohuß von Boßkowiz, Wilhelm von Czernahora, Saßko von Kravihora, Georg von Kunowiz, Peter Zierotin von Rossig, Milota von Cymburg, Johann von Stražek, Przemisl von Wicžkow, Johann Kralický von Ržesowiz, Bohuß von Pruśinowiz, Kunata von Sternberg, Zbynek und Hrozek, Gebrüder von Daubrawiz, und Mathias von Schwabenig.

heit, und wüthete nur noch grausamer als J. Chr.
ehemals. Im Jahre 1400 entsetzten ihn 1400.
die Kurfürsten des Kaiserthums, und wähl- Wenzl
ten Pfalzgraf Ruprechten, und Wenzl schien serthums
sich darüber gar nicht einmal zu grämen. entsetzt.
Das Jahr darauf belagerte ihn Markgraf 1401.
Jost und der Erzbischof Wolfram zu Prag
mit Beistande der Markgrafen zu Meißen
und vieler böhmischen Großen in der Stadt
Prag, und diese vereinte Macht brachte ihn
zu der Nothwendigkeit, daß er alles angeloben mußte, was man von ihm begehrte,
und sogar vier böhmische Herren ernannte,
worunter der Erzbischof der erste war, die
das Reich ein Jahr lang an seiner Statt
regieren sollten. Aber er kehrte nach vorüber gegangener Gefahr wieder zu seiner Gewohnheit. Dieses bewog die Böhmen, ihn
nochmal gefangen zu nehmen, und sie sandten ihn nach Wien in Verwahr, weil Prokop Anstalten zu seiner Befreiung machte,
auch schon mit einiger Macht aus Brandenburg und der Lausitz in das Land angezogen
kam. Dennoch entrann Wenzl auch aus
dem Wiener Kerker durch Hilfe eines Fi-
schers, und erlangte sein Reich nochmals:
worauf er sich gegen Prokop seinen Getreuen
sehr günstig erwies, und ihn zu seinem Nachfolger erklärte.

Diese Ernennung zur Nachfolge flammte
zwischen den Brüdern Jost und Prokop einen Zwist an, der zu einem innerlichen für
Mähren sehr verderblichen Kriege ausbrach.
Prokop merkte, daß Jost ihm seinen ganzen

J. Chr. zen Antheil an Mähren entziehen wolle, und
        und kam, dieses zu hindern, mit einer in
1404.   der Lausitz und in Böhmen gesammelten
        Macht, wozu er einige Hilfsvölker vom
        Wladislaw, Könige in Pohlen, erhielt,
        in das Land, bemächtigte sich mit List oder
        durch Verrätherei der schlecht besetzten Stadt
        und des Schlosses zu Znaym fast ohne Ge=
        genwehr, und beunruhigte hieraus die an=
        liegenden mährischen und österreichischen offe=
        nen Oerter mit beständigen Streifereien.
        Jost rückte, sobald er es vermochte, mit
        seinen eigenen und des Erzherzogs Völkern
        vor die Stadt, die er mit größter Gewalt
        angriff. Aber eben so tapfer vertheidigten
        sich die Belagerten. Siegmund, der zwei
        Jahre vorher mit seinen unruhigen Hungarn
        viel zu thun hatte, und von ihnen auch ei=
        nige Zeit gefangen gehalten war, kam den
        Belagerern selbst zu Hilfe; aber auch die=
        sem widerstand die Stadt, und es ward zu=
        letzt ein Stillstand beliebet, während wel=
        chem Prokop die Stadt getreuen Befehls=
        habern anvertraute, selbst aber in Böhmen,
        und von dannen auf Geheiß des Königs zu
        Stillung eines Aufstandes der Bürger zu
        Bautzen in die Lausitz abzieng.

1405.   Im folgenden Jahre rückte Siegmund
        mit einem Heere in Böhmen, traf Proko=
        pen im Schlosse Bezdietz an, nahm ihn ge=
        fangen, und sandte ihn in Fesseln nach
        Brünn in Verwahr, wo er am 14ten Herbst=
        monats desselben Jahr nicht ohne Verdacht
        eines empfangenen Giftes starb.

                                        Diese

Diese wider zugesagte Treue und Glau= J. Chr.
ben an Prokopen begangene Mißhandlung
wandte die Gemüther der Mährer und Böhmen, endlich auch selbst des Markgrafens
Jost gänzlich vom Siegmund ab; und ihr
ist es beizumessen, daß beide Länder in der
Folge ihn nicht mehr zu ihrem Herrn annehmen wollten.

Die Besatzung zu Znaym unternahm unter dem Vorwande, den Tod
ihres Herrn zu rächen, vielfältige Streifereien weit in Mähren und Oesterreich vor,
und bemächtigte sich in letzterm Lande sogar
der Stadt Lab. Erzherzog Albrecht rückte
zwar sogleich vor diesen Ort, aber er bezwang ihn nicht, sondern war zuletzt genöthiget, ihn dem Johann von Sokol, der
darin Befehl führte, abzukaufen. Da aber
auch nach diesem die Streifereien der Znaymer noch nicht aufhörten: so griff Albrecht
im folgenden Jahre die Stadt Znaym selbst 1406.
an, aber so unglücklich, daß er bei dem letzten mehrmals wiederholten Sturme am 13ten
des Heumonats, mit einem Pfeile tödtlich
getroffen, an dieser Wunde starb; worauf
die Seinigen die Belagerung aufhoben. Jost,
der indessen mit dem Könige ausgesöhnt, und
in der Mark Brandenburg beschäftigt war,
in Mähren aber Ladislaw von Krawarz
zu seinem Stadthalter gesetzt hatte, kam
endlich zurück, und machte mit verschiedenen, dem Muthwillen der Znaymer am meisten ausgesetzten Herren ernstliche Anstalten,
diesem Uibel ein Ende zu machen. Endlich

J. Chr. lich gelang es ihm auch, die Stadt, als der Befehlshaber eben selbst mit dem gröſseren Theile der Besatzung in Oesterreich eingefallen war, durch ein heimliches Verständniß mit einem Theile der Bürgerschaft in seine Gewalt zu bekommen.

Nach einigen in Mähren ruhig vorbeigeflossenen Jahren wurde Jost nach dem Tode Kuprechts im Jahre 1410 zum Kaiser erwählt. Aber er starb, ehe er ins Reich kam, am 8ten Jäner 1411 zu Brünn im 60sten Jahre seines Alters ohne Erben, und Siegmund kam an seiner Statt zum Kaiserthum; Mähren aber zog Wenzln dem sich, wie oben gedacht, verhaßten Siegmund vor.

1410.
Jost zum
Kaiser ge-
wählt.
Stirbt
1411.
Sieg-
mund,
Kaiser.

Im Kurzen hierauf entstand durch die neue Glaubenslehre Johann Hussens und Hieronymus von Prag, die sie dem Engländer Wiklef abgelernt hatten, und von ersterm den Namen erhielt, das schreckliche einheimische, und auch andern angrenzenden Ländern zum Verderben lange daurende Feuer, welches unter dem Namen des hussitischen Krieges in den Jahrbüchern aufgemerkt ist. Beide neue Lehrer erschienen auf das vom Kaiser erhaltene sichere Geleite vor dem zu Koſtnitz versammelten allgemeinen Kirchenrathe, und wurden daselbst zum Abscheue der meisten Böhmen und Mährer zum Feuer verurtheilt und verbrannt.

1415.
1416.

Die Böhmen begannen nach und nach einen fast allgemeinen Aufstand, der im Jahre 1419 gänzlich ausbrach. Johann Ziſſka

1419.

von

von Trocznow, ein verſuchter Edelmann, J. Chr.
war der Anführer der Aufrührer. Uiber die
Nachricht, daß dieſelben das Rathhaus in
der neuen Stadt Prag beſtürmen, und die
nicht mit ihnen einſtimmende zu den Fen-
ſtern hinab werfen, oder auf andere Weiſe
ermorden, traf den König Wenzln ein König
Schlagfluß, an welchem er den 16ten Ernd- Wenzl
temonats ſtarb. ſtirbt.

Siegmund eilte gleich nach Wenzls To- S i e g-
de auf Brünn, und hielt die zum Theile, mund der
dem Beiſpiele der Böhmen nachzuahmen, wird Kö-
geneigten mähriſchen Großen von ihrem Vor- nig in
haben ab, ward auch daſelbſt von den böh- Böhmen.
miſchen und Prager Abgeordneten, unter
welchen ſelbſt die Wittwe des verſtorbenen
Wenzls war, als König in Böhmen und
Markgraf in Mähren angenommen. Aber
wie ſpät kam er zum Beſitze dieſer ſeiner
Erbländer!

Im folgenden Jahre nahm er mit einem 1421.
aus vielen fremden Völkern beſtehenden Heere, worunter auch die Mährer von dem
Landeshauptmanne Heinrich von Krawarž
angeführt waren, einen Zug in Böhmen
vor, und belagerte Prag, mußte aber nach
einigmaligen unglücklichen Treffen mit den
mächtigeren, und von der Grauſamkeit der
Deutſchen noch mehr verbitterten Huſſiten
davon ab, und in Mähren zurückziehen.
Darüber gieng auch das Schloß Wiſſehrab,
welches er noch in ſeiner Gewalt hatte, und
vom Johann von Boſkowitz heldenmüthig

H 2 ver-

J. Chr. vertheidiget warb, verloren, und die Prager zerstörten es.

1421 In dem Innern Mährens kroch im Jahre 1421 eine eben so böse Brut hervor. Zween abgefallene Priester verführten viele vom Pöbel im Hrabischer Kreise, sammelten sich einen Haufen Anhänger, nahmen den in Böhmen schon beliebten und furchtbaren Namen Taboriten an, und setzten sich auf der Marchinsel bei Strazniz, die sie befestigten. Peter von Krawarz, ein Sohn des im Jahre 1418 verstorbenen Landeshauptmanns, Herr von Strazniz, ließ ihnen mit noch einigen andern Großen Schutz angedeihen, und sie verheerten aus diesem Aufenthalte die umliegenden Gegenden auf das grausamste. Der Landeshauptmann Peter von Pernstein und der Bischof Johann zu Ollmütz brachten aber bald eine genugsame Macht zusammen, mit welcher sie die verschanzte Insel angriffen, die Rotte schlugen, und die dem Schwerte entronnen, in die Flucht jagten, welche sich dann durch verschiedene Schleichwege, insonderheit durch die Wälder der mitternächtlichen Gegenden des Landes, in Böhmen hinaus schlichen, und daselbst mit den Orebiten sich vereinigten.

Die Böhmen hielten hierauf am 2ten Brachmonat eine Zusammenkunft zu Czaslau, wozu auch die mährischen Abgeordneten (*) und

---

(*) Diese waren Peter von Pernstein, Landeshauptmann, Johann von Lomniz und noch sechs andere.

und zween Bevollmächtigte vom Könige J. Chr. Siegmund erschienen. (*) Hier wurde darüber gehandelt: ob die vier Prager Artikel (**) allgemein anzunehmen seyn? und sie wurden endlich nach langem Widerspruche von den Böhmen festgesetzet, auch noch der fünfte hinzugefüget: daß Siegmund seines Hasses gegen die böhmische Nation und des vielen dem ganzen Königreiche zugefügten Unrechts wegen verstoßen, und ein anderer König eingesetzt werden soll.

Den vier Prager Artikeln waren die mährischen Abgeordneten zwar eben nicht sehr entgegen, aber die Verstoßung Siegmundens billigten sie schlechterdings nicht. Nach ihrer Rückkunft ward in Brünn ein Landtag gehalten, wo sie die Schlüsse der böhmischen Nation vortrugen, und nicht wenige Große dafür zu stimmen geneigt fanden. Aber da die mehreren dennoch entgegen waren, so ward auf einem zweiten im Beiseyn

---

(*) Aler Soliczky von Sternberg und Puta von Czastalowitz.

(**) Diese waren: 1) daß Jedermann das Abendmahl unter beiden Gestalten empfangen möge; 2) jedem frei seyn soll, überall das Wort Gottes zu verkündigen; 3) jedes öffentliche Verbrechen öffentlich gestraft werden müßte, auch wenn man anders ein größeres Uibel verhüten könnte; 4) Niemand schuldig seyn soll, die schon an sich gezogenen Güter der Geistlichkeit und der Kirchen zurückzugeben, der Klerus auch in Zukunft keine Besitzungen oder Zehenden mehr haben, sondern vom bloßen Allmosen leben soll.

J. Chr. seyn des Königs abgehaltenen Landtage beschlossen, und der Schluß von mehr als 60 der anwesenden vornehmsten Herren (*) am Montage vor dem Feste Elisabeth unterzeichnet: daß die vier Prager Artikel als ketzerisch verworfen seyn, und die Irrthümer Wiklefs von Niemanden gebilliget werden sollen.

Bald nach vorgemeldter Entschließung der Böhmen hatten sie einige Abgeordnete an Wladislaw, König in Pohlen, abgefertiget, ihn zu bitten, daß er die böhmische Krone annehme. Dieser verwarf aber den Antrag, und die Abgeordneten flohen zu Alexandern, Herzogen in Litthauen, welcher sie aufnahm, und ihnen seinen Bruder Koribut mit einigen tausend Pohlen und Litthauern mitgab, um das Königreich in Besitz zu nehmen.

Siegmund nahm noch in eben dem Jahre mit einem Heere einen Zug gegen die untreuen Böhmen vor, und brachte Kuttenberg in seine Gewalt, auch Ziffka selbst ins Gedränge; allein dieser schlaue Heerführer entkam seinem Feinde bald, und zwang in Kurzem den Kaiser, in Mähren zurückzukehren, auf welchen Rückzug nicht nur sein Volk am 9ten Jäner des 1422sten Jahres bei Deutschbrod viel einbüßte, sondern auch er

---

(*) Ihre Namen verzeichnet Peffina Mart. Mor. pag. 474.

er selbst mit genauer Noth entkam. Er gieng I. Chr. in Kurzem darauf nach Hungarn, wo seine Gegenwart nicht weniger nöthig war, und übergab Mähren mit der Nutzlassung, doch mit Vorbehalt der Oberherrschaft, Erzherzog Albrechten, seinem Schwiegersohne.

Damals hiengen schon viele Große in Mähren den Böhmen an, und bald darauf drangen diese, angeführt von Viktorin oder Boczek dem ältern von Podiebrad, mit einigen Haufen ins Land, und überzogen insonderheit das Gebiet des Ollmützer Bischofs. Sie belagerten schon Kremsier, als der Erzherzog und der Bischof einiges Volk zusammenbrachte; worauf jene in Böhmen zurückzogen, diese aber die mit den Zurückweichenden verstandenen mährischen Herren (*) in etwas zu Paaren trieben.

Im folgenden Jahre zog der Bischof 1423. zeitlich zu Felde, und eroberte die zwei festen Bergschlösser Czernahora und Nowihrad, woraus die Anhänger der Taboriten die ganze Gegend beunruhigten, war auch schon im Begriffe, vor Kunstadt zu rücken, als ein Heer böhmischer Hussiten, abermal von gedachtem Podiebrad angeführt, über Zwittau, Kunstadt, Proßnitz und Prerau, welches letzteres Podiebrad durch Verrath

H 4 eini=

(*) Diese waren vornämlich: Borzek der jüngere von Kunstadt zu Wisowitz, Wenzl von Czernahora, Wenzl der jüngere von Krawarz zu Ratschitz, und Bawor zu Pernstein.

J. Chr. riniger Bürger einbekam, vor Kremſier ſtand, und es belagerte.

Er bekam es auch, nachdem er vorher das vom Biſchofe zum Entſatz angeführte Volk zurückgeſchlagen hatte, bald in ſeine Gewalt, und verheerte es mit noch andern Orten mehr; doch mußte er gählings einiger in Böhmen entſtandenen neuen Unruhen wegen, die ihn mit dem Heere dahin forderten, abziehen, und hinterließ nur Beſatzungen in den haltbaren Oertern.

Gleich nach dem Abzuge des Heeres rückte der Biſchof mit ſeiner kleinen Macht vor Kremſier, und eroberte es wieder. Nicht ſo glücklich war der Erzherzog vor Lundenburg, welches kurz vorher Boczek der jüngere von Kunſtadt eingenommen hatte, und jener um dieſe Zeit belagerte. Denn Prokop der Kahle (*) ward vom Ziſſka mit einem Haufen Taboriten den Belagerten zu Hilfe geſandt, und drang am 12ten des Ernbtemonats mitten durch das öſterreichiſche Lager in die Stadt, dem Ziſſka ſelbſt mit dem ganzen Heere über Jglau bald nachfolgte. Er war ſchon bis gegen Brünn angelan=

(*) Er war der erſte Befehlshaber der Taboriten unter dem Ziſſka, und folgte ihm nach deſſen Tode in der Oberbefehlshaberſtelle, ward auch nachher mit dem Beinamen der Große von einem andern nicht weniger berühmten Anführer derſelben dieſes Namens unterſchieden, welcher der Kleinere genannt wurde.

gelanget, als der Erzherzog die Belagerung J. Chr.
aufhob.

Žiſſka durchzog hierauf mit seinem Heere nicht nur den größten Theil Mährens,
sondern streifte auch in Oesterreich bis an
die Donau, und verübte überall gegen Klö-
ster und Weltpriester, auch katholische Laien
die unerhörtesten Grausamkeiten. Aus Oesterreich kehrte er aber wieder in Mähren
zurück, als der Erzherzog ihm mit der aus
Hungarn erhaltenen Hilfe ein genug mächtiges Heer entgegen führte. Meinhard von
Neuhaus erhielt um diese Zeit auch bei Teltſch
einen Sieg über einen von dem Unterbefehlshaber Bzdina angeführten Haufen der
Taboriten; Žiſſka selbst aber war vor Kremſier
gerückt, wo die Seinigen von dem obwohl
viel schwächeren Bischofe unversehens überfallen wurden, und eine ziemliche Niederlage
erlitten hatten. Prokop der Kahle selbſt
wurde dabei verwundet. Uiber diesen Unfall und auf die erhaltene Nachricht, daß
der Befehlshaber der Besatzung zu Lundenburg auf einem in Oesterreich unternommenen Einfalle auch mit großem Verluste zurückgetrieben worden, beschloß Žiſſka, in
Böhmen zurückzukehren, und zog noch diesen Winter über Müglitz hinaus, das er
leicht einbekam, und, um sich an den Bischof zu rächen, verbrannte.

Während daß darauf Žiſſka in Böhmen 1424.
fort wüthete, brachte der Erzherzog Lundenburg durch Belagerung, auch Kromau,
Eybenſchitz, Jayspitz, Kanitz, und andere

von

J. Chr. von den Taboriten besetzte, oder sonst in den Händen ihrer Anhänger befindlichen Städte und Schlösser durch Ergebung in seine Gewalt, und der Bischof zwang mit einiger vom Herzoge zu Troppau erhaltenen Hilfe Boczeken von Kunstadt zu Wisowitz, dann Petern von Krawarz zu Strazniz, und Wenzln von Tobitschau, um Frieden zu bitten, und Gehorsam anzugeloben.

Die Anhänger der Hussiten hatten um diese Zeit nur noch die zwei nicht zu bezwingenden Schlösser Kunstadt und Pernstein in ihrer Gewalt, welche man doch durch die Besatzungen der Schlösser Czernahora, Lettowitz, Lomnitz, Luka und Daleczin im Zaume zu halten vermochte. Und bald darauf starb Ziska auf seinem neu vorgehabten Zuge in Mähren in dem Schlosse Ronow nahe bei dem Städtchen Przebislaw in Böhmen an der Pest am 11ten Weinmonats. Er war einaugig, als er die Befehlshaberschaft über die Hussiten antrat, und verlor das zweite Aug einige Zeit darauf in der Belagerung des Schlosses Raby, nach welchem Zufalle er doch noch eben so gut als sehend die Seinigen anzuführen, zu siegen, und seine Feinde zu verfolgen wußte.

Nach dessen Tode wurden die bisher seinen Befehlen gehorchenden Hussiten uneinig, und theilten sich in drei Haufen. Jene von ersterem behielten den Namen Taboriten, die andern nannten sich Waisen, weil sie ihren Befehlshaber verloren hatten, und die den dritten ausmachten, ließen sich Orebiten

ten nennen. Jede Partei wählte sich ihre J. Chr.
eigenen Anführer; die Prager aber mach=
ten gleichsam noch eine vierte Partei.

Die Waisen zogen zu den Orebiten in
das Königgrätzer Gebiet, die Taboriten in
Oesterreich, die Prager aber mit Koribut
in Mähren, wo sie zwar Eybenschitz und
einige nahe dabei gelegenen Schlösser wieder
einnahmen, bald aber mit vielem zusammen=
men gebrachten Raube in Böhmen zurück=
kehrten, während dem die Taboriten in Oe=
sterreich sich viel länger aufhielten, und den
ihnen entgegen ziehenden Erzherzog zweimal
zum Weichen brachten, worauf sie doch eben=
falls wieder heimkehrten.

In Böhmen entstand zwischen den Ta=
boriten und Waisen, dann den Pragern
ein Mißvernehmen, und sie bekriegten ein=
ander endlich gar selbst. Die Waisen be=
mächtigten sich nach langwieriger Belagerung
der Stadt Leutomischl, wo sie das Schloß,
die Domkirche und die nahe gelegene Kar=
thaus zerstörten, und brachten von dort
aus auch die mährische Stadt Zwittau durch
Ergebung in ihre Gewalt. Unterdessen er=
oberte der Erzherzog abermal alle im vori=
gen Jahre den Pragern in die Hände gera=
thenen Oerter im Lande, das einzige Ey=
benschitz ausgenommen, welches er verge=
bens belagerte, und eben damals verließ,
als die Noth der Belagerten aufs Höchste
gekommen war. Prokop mit seinen Tabo=
riten fiel hierauf in Oesterreich ein, und
drang wieder bis an die Donau vor, kehrte
aber

J. Chr. aber bald zurück, und griff Rötz an, in dessen Belagerung zwar der von Schwamberg, einer der ersten Befehlshaber seines Heeres, in einem Sturme tod blieb, die Stadt und das Schloß aber dennoch erobert ward. Der Feind bekam den Herrn der Stadt Grafen von Hardeg darin gefangen, und führte ihn mit sich in Böhmen, wo er auch starb.

1426. Im folgenden Jahre trieben diese Haufen ihre Verheerungen in Böhmen gegen Sachsen zu, und Mähren ruhte in etwas von ihren Anfällen aus. Aber dann kamen

1427. wieder Haufen der Taboriten und Waisen, und vereint mit den ihnen anhängenden mährischen Herren von Czernahora, von Krawarz, von Tobitschau, von Pernstein und von Strazniz durchzogen sie nicht nur das ganze Land dieß- und jenseits der March, sondern streiften bis an die Vorstädte von Preßburg in Hungarn, und längs den Ufern der Donau in Oesterreich, wo sie allenthalben alles verheerten. Sie kehrten endlich auf die Nachricht von dem Anzuge eines großen deutschen Heeres in Böhmen zurück, und machten dieses durch den bloßen Ruf von ihrer Rückkehr wieder in Deutschland zurückfliehen; worauf sie auch die angrenzenden deutschen Länder anfielen, und eben so grausam mitnahmen, als sie es überall bisher gethan hatten.

1428. Im Jahre 1428 entzweiten sich die Haufen der Taboriten und Waisen (nachdem sie vorher fast ganz Schlesien ohne die festern

Oerter gemeinschaftlich durchgestreifet) vor J. Chr. der Stadt Neiß, die sie belagert hielten, und nicht bezwingen konnten. Sie theilten sich darüber. Die Taboriten zogen gegen Brieg ab; die Waisen aber in Mähren, und zwar gerade vor Brünn, und unternahmen die Belagerung dieser Stadt. Diese vertheidigte sich aber nicht nur heldenmüthig, und that den Belagerern durch einige Ausfälle großen Schaden; sondern bald darauf kam ihr auch der Bischof und Johann von Kragirz, Befehlshaber zu Lundenburg, der bald darauf Landeshauptmann geworden, zu Hilfe, und beide trafen so hart auf das Lager der Feinde, daß sie es in der folgenden Nacht in der Stille verließen, und in Böhmen abzogen. Einige Oerter kamen hierauf wieder in die Gewalt der Katholiken; doch blieben auch noch viele in den Händen der Feinde, und noch dieses Jahr that Prokop mit seinen Taboriten einen neuen verheerenden Ausfall in Mähren und Oesterreich.

Das folgende Jahr fiengen die Böhmen 1429. an, sich nach Frieden zu söhnen, und sandten ihre Abgeordneten zu der vom Kaiser Siegmund angestellten Zusammenkunft, um darüber zu handeln. Die Prager der alten Stadt und die Taboriten waren auch nahe zum Zwecke gebracht, aber die Prager Neustädter und die Waisen desto unbiegsamer; worüber sich dann alles zerschlug, und der Krieg von neuem angieng.

Ju

J. Chr. In Mähren hatte Hawel Draſtil von Rogerin abermals einen Haufen ruchloſen Volkes zuſammengebracht, mit dem er auf Raub herumzog, und inſonderheit das Gebiet des Biſchofs verwüſtete. Aber bald ward er gezwungen, ſeine Sicherheit zu ſuchen, und zog den aufrühriſchen Haufen in Böhmen zu. Die Taboriten und Waiſen waren in dieſem Jahre in die angrenzenden deutſchen Länder, größtentheils in Sachſen ausgezogen.

1430. Um Oſtern des 1430ſten Jahres zogen die Waiſen mit einem Theile der Taboriten und den Pragern aus der Neuſtadt abermals gegen Mähren. Allda theilten ſie ſich in zween Haufen. Einer unter den zween Anführern Welyk und Zmrzlik fiel in Hungarn, der andere aber unter dem kleinern Prokop in Oeſterreich aus. Der letztere, als er aus Oeſterreich zurückkehrte, und in Mähren in die Gegend von Koſtel gekommen war, fand daſelbſt unvermuthet einen Haufen Mährer vor ſich, und hatte die nachſetzenden Oeſterreicher im Rücken. Hier kam es zu einem Treffen, in welchem die Böhmen hart geſchlagen wurden, und ihr Anführer Prokop ſelbſt durchgeſtochen ward; doch raffte er ſich noch hart verwundet auf, und entkam mit den übrigen Seinigen kümmerlich nach Hungarn.

Der andere Haufen war am Ende nicht glücklicher. Denn nach vielem Rauben und Verheeren des Landes gelang es endlich auch den Hungarn, ſie in die Enge zu treiben,

und

und in einem Treffen die meisten derselben, J. Chr.
darunter auch den Welyk selbst zu erlegen.

Allein diese Niederlagen befreiten Mäh=
ren noch nicht. Prokop der Größere nahm
noch im nämlichen Jahre mit der gesamten
Macht der Taboriten einen neuen Zug da=
hin vor, und übte insonderheit gegen Klö=
ster (deren er verschiedene zerstörte, die Ziffka
noch verschont hatte) und ihre Gebiete, auch
andere Ortschaften die größten Grausamkei=
ten aus. Er drang aus dem Iglauer und
Znaymer Kreise über Trebitsch bis an Brünn,
und von dannen Olmütz vorbei, in die
Gegend von Littau, Neustadt und Stern=
berg vor, und bekam letzteres Ort nach ei=
ner achtwochentlichen Belagerung, da solchem
nirgends woher einige Hilfe zukam, durch
Ergebung in seine Gewalt; hinterließ auch
nach seinem endlich wieder in Böhmen ge=
nommenen Rückzuge darin eine Besatzung.
Viele Mährer hiengen sich um diese Zeit an
die Taboriten, und nahmen Theil an ihren
Räubereien. Eben in dem Jahre starb zu
Gran in Hungarn der heldenmüthige Bi=
schof Johann von Olmütz, welcher viel=
leicht allein im Stande gewesen wäre, die=
sem Uibel Widerstand zu thun.

Kaiser Siegmund brachte im Jahre
1431 nochmals ein ungeheures Heer (*) von 1431.
Deut=

(*) Es soll nach dem von Peßina angeführten Mſ.
Drahon. in 40,000 Reitern, 90,000 Mann zu
Fuß, und 9000 Wägen bestanden seyn.

J. Chr. Deutschen zusammen, und rückte eben damals mit selben von der egerischen Seite in Böhmen ein, als die Parteien in diesem Lande selbst untereinander uneinig waren; aber er war mit selben nicht glücklicher, als je vorher. Eine allgemeine Furcht herrschte unter diesem Heere; und kaum hatte es das Land betreten, und nur von dem Heranzuge der Böhmen gehört, so nahm es auch schon die Flucht, und zerstob so zu sagen, ehe es einen Feind zu sehen bekam.

Erzherzog Albrecht, der auch schon aus Mähren in Böhmen vorgerückt war, kehrte nach der Deutschen Abzug in Mähren zurück, und brachte dieses Land durch Gewalt und Strenge, die er in den Gebieten der Aufrührer brauchte, indem er darin viele Oerter verwüstete, so wie sie es an den treu Verbliebenen gethan hatten, zum Gehorsam.

Bald kam aber auch Prokop der Kleinere, von dem ohne Treffen erhaltenen unblutigen Siege über die Deutschen stolz, abermals in Mähren, und rächte die Härte des Erzherzogs an denen, von welchen er wußte, daß sie ihm anhiengen. Er streifte in Oesterreich bis an die Donau aus, bemächtigte sich der meisten Städte im Iglauer und Znaymer Kreise, eroberte und zerstörte verschiedene Schlösser, und setzte das ganze Land bis jenseits der March, wo er auch Prerau in seine Gewalt bekam, in Schrecken und in das größte Elend. Prokop der Größere that ein Gleiches in dem Troppauer Gebiete. Endlich vereinigten sich beide, und

zogen mit einander in Hungarn, setzten über
die Wag, und streiften bis in die Gegend
um Neutra.

Auf diesem hungarischen Zuge entzweiten sich diese Verwüster abermals. Prokop
der Größere gieng mit seinen Taboriten in
Mähren zurück, der Kleinere aber blieb an
der Wag; wider diesen ermannten sich endlich die Hungarn. Sie zwangen ihn nicht
nur über die Wag hinüber, sondern setzten ihm auch in Mähren nach, und nöthigten ihn bei Banow unweit Hungarisch
Brod zu einem Treffen, worin sie ihm eine
ziemliche Niederlage beibrachten. Prokop
selbst erreichte Hungarisch Brod, welches
die Hungarn in der späten Jahrszeit nicht
mehr angreifen konnten; die Seinigen aber
zerstreuten sich allenthalben.

Während diesem waren die Taboriten
unter dem größeren Prokop aus Mähren
in Oesterreich auf Raub ausgefallen, und
die Orebiten zogen unter Bedrzich, einem
Mährer, aus dem Königgräzer Kreise durch
Mähren ebenfalls in Oesterreich. Dort lockten sie die ihnen entgegen gestellten Deutschen durch eine verstellte Flucht in einen
Hinterhalt, schlugen sie, und kehrten mit
nicht geringem Raube von bannen wieder
nach Hause.

Die wieder untereinander ausgesöhnten
Taboriten und Waisen waren nach dem zurückgelegten dießjährigen außerordentlich strengen Winter aus Mähren in Böhmen zurück,
und von bannen wieder zeitlich in Voigtland,

J. Chr. land, Meißen, Schlesien, die Lausitz und Mark ausgezogen. In ihrer Abwesenheit unternahmen die Ollmützer, Littauer und Neustädter den Angriff der Stadt Sternberg, und bekamen sie nach drei Tagen in ihre Gewalt.

Kaum hörten hievon die damals in der Lausitz hausenden Taboriten und Waisen, so eilten sie schon heran, verheerten die ganze Gegend zwischen den drei benannten Städten auf das Grausamste, nahmen das Kloster Hradisch ein, und zerstörten es; kehrten hierauf in den Brünner Kreis, und hausten darin eben so arg, schienen auch ihrer Wuth ganz keine Grenze zu setzen. Doch erbaten die Krawarze, Sternberge und Pernsteine vom Prokop endlich, daß er von weiterer Verheerung abließ, und sich mit seinen Taboriten ins Troppauische wandte. Die Waisen aber zogen abermals in Hungarn, wo sie sogleich Tyrnau durch Verrath in ihre Gewalt bekamen. Sie streiften von da die ganze Gegend umher aus, und eilten endlich, als sich die Hungarn allgemein gegen sie rüsteten, mit grossem Raube beladen, in größter Eil durch Mähren in Böhmen zurück.

Der Ausfall eines zweiten Haufens der Taboriten durch Mähren in Oesterreich gelang ihnen nicht so gut. Er ward in der Gegend von Znaym auf dem Rückzuge von den Oesterreichern und Mährern ereilet, und dergestalt geschlagen, daß nur ein Theil davon

von mit dem Verluste des zusammen gebrach- J. Chr.
ten Raubes Böhmen erreichte.

Im folgenden Jahre am 4ten Jäner tra- 1433.
fen die böhmischen Abgeordneten an den zu
Basel versammleten Kirchenrath, unter welchen Prokop der Grössere der erste war,
daselbst ein; und im Brachmonate langten
die darauf vom Kirchenrathe an die Böhmen
abgesandten Väter zu Prag an. Sie wurden in dieser Stadt mit großen Ehren empfangen. Auch mährische Abgeordnete (*)
erschienen bei diesem allgemeinen Landtage,
auf welchem von den schon angeführten sogenannten vier Prager Artikeln gehandelt,
aber am Ende nach vielem Wortstreite dennoch nichts beschlossen ward.

Prokop hatte vor seiner Abreise nach
Basel dem Pardus von Horka den Befehl
über die Taboriten übergeben. Dieser
nahm zeitlich im Jahre einen Zug durch
Mähren in Hungarn vor, und kam über
die Wag bis Kremnitz, eroberte es mit
Gewalt, nahm auch die übrigen Bergstädte
ein, und kam zu Anfang des Brachmonats
schon wieder, mit vielem Raube beladen, in
Böhmen an.

Ein Haufen Waisen, geführt vom Johann Cjapko, zog um diese Zeit dem Könige

---

(*) Diese waren: Johann von Comnig, Heinrich
von Lichtenstein zu Niklasburg, Parcziphat
von Namiesst, Johann von Zwole, Sinck von
Grufbach und Johann von Horka.

J. Chr. nige in Pohlen wider die deutschen Herren in Preußen zu Hilfe, verrichtete große Thaten, und kam im Weinmonate ebenfalls mit Sieg und Ruhm nach Hause. Die übrigen unter den Waffen stehenden Böhmen streiften und hausten theils in ihrem eigenen, theils aber in dem angrenzenden Lande Bayern und der obern Pfalz.

1434. Am zweiten Jäner des 1434sten Jahrs wurden die den Böhmen von den Abgeordneten des Basler Kirchenraths überbrachten sogenannten Kompaktaten zu Prag beim öffentlichen Landtage kund gemacht, welche unter andern enthielten: daß den Böhmen und Mährern das Abendmahl unter beiden Gestalten gereicht werden könne. Hieran ließen sich die Taboriten und Waisen aber noch nicht begnügen, und die Prager Neustadt hieng diesen Unzufriedenen ebenfalls an. Hierüber entrüstete sich endlich der Herren- und Abelstand beider Länder, und sann auf treffende Mittel, dem Vaterlande einmal mit Gewalt die Ruhe wieder zu schaffen, die durch alle nachgiebige Wege nicht erreicht werden konnte; und die Altstadt Prag war auf ihrer Seite. Die von beiden Seiten aufgebrachten Heere trafen dann am 30sten Mai dieses Jahrs in einer weiten Ebene zwischen den Städten Kaurzim und Böhmisch Brod bei den Dörfern Lippan und Brod aufeinander, und die Schlacht dieses Tages, in welcher der größte Theil der Taboriten und Waisen mit beiden Prokopen, ihren vornehmsten und besten Anführern, todt

auf

auf dem Platze liegen blieb, machte ihren J. Chr.
vieljährigen Unruhen endlich einmal ein gänz=
liches Ende.

Siegmund kam auf die von diesem
Siege erhaltene Nachricht von Basel über
Ulm nach Regensburg, wo ihm die Abge=
ordneten der böhmischen Stände dazu Glück
wünschten, und ihm als ihrem Könige auf=
warteten. Aber Geschäfte riefen ihn in sein
eben nicht ruhiges Hungarn. Er gieng also
zuerst dahin, und kam von dannen erst im
Brachmonate des folgenden Jahrs mit Erz=
herzog Albrechten nach Brünn, wo nebst 1435.
vielen böhmischen Herren und vornehmen
Prager Bürgern auch die Abgeordneten des
Kirchenraths zu Beilegung aller noch unter=
waltenden Anstände eingetroffen waren. Doch
nicht hier, sondern erst in Stuhlweissen=
burg, wo der Kaiser selbst zu dem Ende
eine nochmalige Zusammenkunft bestellte,
wurde ein ordentlicher Vertrag abgehandelt,
welcher im nachfolgenden Jahre 1436 am 1436.
5ten Heumonats bei Ankunft des Kaisers zu
Iglau ausgefertigt und kundgemacht ward.

Unterdessen daß hierauf Siegmund in
Böhmen allenthalben Ordnung einführte und
Gerichte bestellte, einige noch ungehorsame
Städte und Unterthanen zu Gehorsam ge=
bracht und bestraft wurden, und man über=
all einer vollkommenen Ruhe sehr nöthig
hatte, sich derselben auch schon versichert
glaubte, ward diese in Mähren nochmal in
dem Jahre 1437 zweimal gestöret. Smil 1437.
von Morawan, das Haupt der in dem
Olmü=

J. Chr. Ollmützer Gebiete noch übrigen Hussiten, nahm am ersten Hornung die Karthause in dem Dorfe Dolein bei Ollmütz mit List ein, und plagte daraus die umliegende Gegend auf mehrere Meilen weit so lange, bis die Ollmützer ihn mit den Seinigen in diesem Neste belagerten, und da sie es mit Gewalt nicht zwingen konnten, es ihm für Geld abkauften, und dann gar zerstörten. Im folgenden Herbste machte Pardus von Horka mit Victorin von Wedanitz und andern einen heimlichen Anschlag auf Littau, der ihnen so weit gelang, daß sie sich der Stadt bemächtigten. Aber bald kamen ihnen die Ollmützer über den Hals, überwältigten sie samt der Stadt.

Siegmund erhielt in diesem Jahre zu Anfang des Heumonats noch einen wichtigen Sieg in Hungarn wider die Türken, welchen er meistens den böhmischen und mährischen Hilfsvölkern, wovon jene Johann Gistra von Brandeis und Peter Komiarowsky, diese aber Johann von Rziezan und Johann Tettauer anführte, zu verdanken hatte; und starb hierauf auf der von Prag aus in Hungarn unternommenen Reise zu Znaym am 8ten Christmonats dieses 1437sten Jahres.

Siegsmunds Tod. 1437.

Gleich nach dessen Tode wählten die meisten böhmischen Großen und Städte Albrechten, Erzherzogen in Oesterreich, Siegmunds Tochtermann, zum König; aber einige Unruhige mit etlichen Städten, die nach neuen Krieg lüstern waren, stimmten für Kasimirn,

Albrecht, König in Böhmen.

mirn, Wladislaws III. Königs in Pohlen J. Chr.
Bruder.

Albrecht, der am ersten Jäner des Jahrs *König in Hungarn u. Kaiser.*
1438 die hungarische Krone erhielt, und
darauf am 26sten April zum Kaiser erwählt
worden war, kam aus dem Reiche in Böh=
men, und empfieng die böhmische Krone vom
Olmützer Bischofe. Der König in Pohlen
aber sandte zuvor zweentausend Reiter zur
Unterstützung seiner Partei in Böhmen, und
rückte dann mit einem Heere in Schlesien
ein, wo er die Herzogen zu Ofwiecziin, zu
Oppeln, zu Troppau und Ratibor dem Kasimir Gehorsam zu geloben zwang. Da aber
die bösen Anschläge der Uibelgesinnten in
Böhmen schlecht abliefen, so zog er auch bald
zurück; doch hatten die Pohlen vorher die Ge=
genden um Fulnek, Bodenstadt und Titschein
bis an die Beczwa ausgeraubet.

Albrecht brachte hierauf den Winter in
Breßlau zu, zog im folgenden Jahre in Hun= *1439.*
garn, um gegen die sich immer weiter aus=
breitenden Türken Anstalten zu machen, starb *Albrechts Tod.*
aber auf der Rückreise bei Gran in einem
Dorfe am 27sten Weinmonats an einem
durch zu vieles Melonenessen sich zugezoge=
nen Durchfalle in seinem besten Alter mit
Hinterlassung zwoer Töchter und der schwan=
gern Gemahlin, die hernach am 22sten Hor= *Ladis-*
nung des 1440sten Jahres Ladislawen zur *laws Geburt.*
Welt gebahr.

Nach Albrechts Tode entstanden über die *1440.*
Wahl eines neuen Königs große Streitig=
keiten. Einige vermeinten, vor allem wäre
die

J. Chr. die Niederkunft der Königin abzuwarten; andere: der gegenwärtige Zustand des Reichs gestatte nicht ein Kind, dessen Geburt noch dazu ungewiß, zum Regenten anzunehmen, und riefen Albrechten, Herzogen in Bayern, ins Reich. Endlich da der König in Pohlen, für den wieder andere geneigt waren, den Antrag auch ausschlug, vereinigten sie sich dennoch für den eben zur Welt gebornen Ladislaw, und die Regierung des Reichs ward zween dazu erwählten Großen des Landes, Weinharden von Neuhaus und Hinecken Ptaczek anvertrauet. Die mährischen Stände hatten indessen zu Brünn ein allgemeines Bündniß zu Erhaltung beständiger Ruhe im Lande während des Zwischenreiches geschlossen. Ladislaw ward vier Monate alt, auch zum Könige in Hungarn gekrönt, und Graf Ulrich von Cilli beschwur die Landesgesetze in seinem Namen. Bald aber setzte ihm eine Gegenpartei in Hungarn den mit großem Geleite dahin gekommenen Wladislaw, König in Pohlen entgegen, und krönte ihn mit einer andern Krone. Friedrich von Oesterreich, der am 17ten des Brachmonats zu Aachen zum Kaiser gekrönt ward, übernahm die Vormundschaft Ladislaws.

Um diese Zeit entstanden in Mähren abermals große Räuberbanden, welche verschiedene vom Abel aus ihren Schlössern unterstützten. Johann von Cymburg, Landeshauptmann, und nebst ihm Berthold von der Lippa, Johann von Lichtenburg und die

die beiden Pernſteine, Wilhelm und Albrecht, J. Chr.
machten aber denſelben in Kurzem durch Er=
oberung und Zerſtörung der feſten Raubne=
ſter und Vertilgung der Räuber ein Ende.

Bis zum Jahre 1443 hatten die Mäh= 1443.
rer ſo wie die Böhmen an dem Kriege wi=
der die Türken an den hungariſchen Grenzen
durch freiwillig wider ſelbe abgeſchickte Hilfe
Antheil genommen. Zu deſſen Ende that
Berthold von Lippa, vereinigt mit Johann von Lichtenburg und Beneſch von
Czernahora, aus unbekannten Urſachen ei=
nen feindlichen Streif in Oeſterreich bis an
die Donau, und ſie waren mit dem zuſam=
mengebrachten Raube ſchon an der Grenze
von Mähren zurück, als ein Theil der Strei=
fenden, wobei der von Lichtenburg ſelbſt
war, von Ulrich Enzingern und Johann
Buchheim, Befehlshaber der öſterreichiſchen
Grenzſchlöſſer, unter dem Schloſſe Statz
eingeholet, geſchlagen, und ſeiner Beute
beraubt ward. Die Oeſterreicher hauſten
hierauf in dem Znaymer Kreiſe, ſo wie jene
es in Oeſterreich gemacht hatten. Endlich
aber ward um Oſtern folgenden Jahrs zwiſchen beiden Parteien Frieden vermittelt.
Das Jahr 1443 iſt noch eines ſtarken Erd=
bebens wegen merkwürdig, das vielen Schaden im Lande verurſachte.

Beinahe wäre es im Jahre 1444 zwi- 1444.
ſchen den Großen in Mähren zu einem ge=
fährlichen Kriege gekommen. Herald von
Kunſtadt, Herr zu Lyſitz, ward darum,
daß er vor Ankunft der übrigen Herren bei
einer

J. Chr. einer Zusammenkunft der Stände ein an dieselben gestelltes Schreiben eröffnet, durch ein sehr übereiltes Urtheil des Kopfs verlustig erkannt, und man schlug ihm denselben ohne Verweilen noch dieselbe Nacht bei dem Kerzenlichte ab. Hierüber erhoben seine mächtigen Verwandte, die Kundstade, Podiebrade, Dirnowize, Zagimacze, Daubrawice, Lomnize und andere, großen Lärmen, und beschlossen Rache zu nehmen. Der Landeshauptmann Johann von Cymburg legte die weitaussehende Sache aber endlich dennoch bei; und es trug dazu auch nicht wenig bei, daß Georg von Podiebrad um diese Zeit an die Stelle des verstorbenen Ptaczek zum Regenten in Böhmen beruffen ward, worüber er die Muße verlor, dieses mächtige Geschäft ernstlicher zu betreiben.

In diesem Jahre erfolgte die unglückliche Schlacht bei Varna, in welcher das hungarische Heer eine vollkommene Niederlage erlitt, und Wladislaw der König selbst auf dem Platze blieb. Ladislaw ward hierauf mit allgemeiner Uibereinstimmung zum zweitenmal zum Könige in Hungarn ausgerufen, und der große Held Johann Korvin zum Regenten dieses Reichs bestellt.

1446. Am 11ten Wintermonate des Jahrs 1446 auf dem Landtage zu Prag beschlossen die Böhmen mit den dabei anwesenden mährischen Herren, den jungen König vom Kaiser seinem Vormunde ins Reich zu fordern, und belangten diesen um dessen Ausfolgung durch Abgeordnete.

Um

Um dieſe Zeit entſtanden in dem mitter=
nächtlichen Theile des Brünner Kreiſes aber=
mals verſchiedene Räuberrotten, deren Auf=
enthalte doch in Kurzem wieder zerſtört wurden. Die Räuber ſelbſt bekamen entweder
den Galgen zum Lohn, oder flohen aus dem
Lande.

Eben dieſes Jahr unternahm Pankratz,
ein hungariſcher Magnat, aus bloßer Raub=
ſucht, von dem Grenzſtädtchen Skalitz aus,
zuerſt in Oeſterreich, dann auch in Mähren
einen Einfall. Die mähriſchen Herren grif=
fen aber bald zuſammen, und fielen ihn mit
vereinigter Macht zu Skalitz an, welches
ſie bald in ihre Gewalt brachten. Pankratz
ſelbſt entkam zwar daraus, aber die Seinigen wurden als Räuber aufgefangen, und
das Städtchen zur Sicherheit Mährens mit
einer guten Beſatzung verſehen.

In Böhmen geriethen die beiden Reichs=
verweſer Meinhard von Neuhaus und Georg von Podiebrad im Jahre 1449 aneinan-
ander; und da des letztern Anhang der gröſ=
ſere war, ſo wurde der erſtere gewaltthätig
nach Podiebrad in einen Kerker abgeführt.
Zwar erlangte er bald ſeine Freiheit wieder;
doch ſtarb er kurz darnach, und ſein Sohn
Ulrich nahm ſich vor, die Schmach und
den Tod ſeines Vaters zu rächen.

. Die mähriſchen Großen theilten ſich in
beide Parteien, (*) und es ſchien ſchon auch
hier

(*) Von der Partei Podiebrads waren: die Kun-
ſtadte, Dirnowitze, Pernſteine, Krawaze, Mathes

J. Chr. hier zu großen innerlichen Unruhen zu kommen. Doch der Landeshauptmann Johann von Cymburg und andere, die keiner Partei zugethan waren, (*) suchten den errichteten Landfrieden hervor, und erhielten noch Ruhe im Lande.

Dennoch unternahmen einige von Podiebrads Partei, und zwar zuerst Smil von Dirnowitz mit Wanick von Trnawka zu dessen Vortheil einen Einfall bei Landskron in Böhmen; und als diese geschlagen wurden, Wanick selbst auch in Gefangenschaft gerieth, wagten Pardus von Horka mit Zdenko von Schwabenitz und Johann von Honbitz einen zweiten durch die ganze Gegend von Chrudim und Königgrätz, und streiften so lange herum, bis sie ebenfalls mit einer Niederlage heimgeschickt wurden, in welcher Honbitz auf dem Platze blieb, die beiden andern Anführer aber kümmerlich entkamen.

Um

---

thes von Sternberg, Johann Kragirž, Johann und Karl Wlassim, Archleb von Wiežkow, Wanick von Schwabenitz und Pardus von Horka; vom Gegentheile aber: Johann von Neuhaus zu Telesch, Hinek und Stephan von Lichtenburg, Johann und Marquard von Lomnitz, die Bosskowitze, Smillon Roldstein, Wanick Zahradka, Hinek von Wibrži, Johann von Zeletau und andere.

(*) Hierunter waren vornämlich: Berchtold und Heinrich von Lippa, Ctibor von Landstein, Wok von Sowinec, Archleb von Runowitz und Hinek von Prussinowitz.

aus dem Hauſe Lützenburg ꝛc. 141

Um das Ende des Jahrs 1451 zog Kö- J. Chr.
nig Ladislaw mit Kaiſer Friedrichen nach 1451.
Rom, und einige böhmiſche und mähriſche
Herren (*) begleiteten ihn. Nach des Kaiſers Zurückkunft nahmen einige wenige böhmiſche und mähriſche Großen an dem Auf-
ſtande der Oeſterreicher, welche Ladislawen
vom Kaiſer heraus haben wollten, Theil,
und kriegten in Oeſterreich wider ihn. De-
ſto mehrere aber erſchienen im folgenden
Jahre auf die Vorladung Ladislaws bei
der Zuſammenkunft zu Wien, wo über dieſe 1452.
Sache gehandelt, und Ladislaw auch von
den Hungarn in ihr Reich verlangt wurde.
Zu Anfang des Jahrs 1453 (**) gieng 1453.
Ladislaw in Hungarn, und ließ ſich daſelbſt
huldigen. Von dannen kam er auf Brünn,
und empfieng von den Mährern den Eid
der Treue, welches die Böhmen ſehr übel
nahmen, weil es noch nicht von ihnen ge-
ſchehen war. Ladislaw gieng hierauf nochmals in Hungarn, nachdem er die Böhmen
ſeiner baldigen Dahinkunft hatte verſichern
laſſen, und erfüllte ſeine Zuſage in Kurzem,
indem er über Iglau dahin zog, wo er
von dem Regenten Podiebrad empfangen
ward.

─────────────────

(*) Unter den Mährern waren inſonderheit Johann
von Neuhauß, Wilhelm der jüngere von Pern-
ſtein, Tobias von Boſkowitz und Karl von
Wlaſſim.

(**) In dieſem Jahre eroberte Amurath den 23ſten
Mai Konſtantinopel, und machte dem morgen-
ländiſchen Kaiſerthume der Griechen ein Ende.

J. Chr. warb. Am 28ſten Weinmonats ließ er ſich zu Prag krönen.

1454. Im Herbſte des folgenden Jahrs nahm der König eine Reiſe in die Lauſitz und Schleſien vor, um in beiden Ländern eben perſönlich die Huldigung anzunehmen. Zu Breßlau empfieng er ſie am 11ten Chriſtmonats, und von dannen zog er um das

1455. Ende des Jäners 1455 durch Mähren, nach Wien, in Kurzem aber darauf nach Hungarn, wo er dem fortwährenden Türkenkriege nahe blieb, durch den Helden Johann Korvin oder Hunniad Siege wieder dieſelben erfochte, dieſen unvergeßlichen Mann darauf durch den Tod verlor, und am 23ſten Mai

1457. des Jahrs 1457 deſſen älteſten Sohn Ladislaw enthaupten ließ. (*)

In Mähren und Böhmen blieb während dieſen hungariſchen Händeln alles in guter Ruhe, und man verſprach ſich derſelben Dauer, als Ladislaw, der, um ſein Beilager mit Magdalenen, der Tochter Karls VII. Königs in Frankreich, zu begehen, am 29ſten Herbſtmonats nach Prag gekommen war, daſelbſt am 23ſten Weinmonats, da er kaum

krank

(*) Sein Verbrechen war, daß er Ulrichen, Grafen von Cilli, ſeinem und ſeines verſtorbenen Vaters Feinde, als dieſer ihn mit dem Degen angriff, auch mit dem Degen begegnete, und dieſer unruhige Graf von denen, dem Korvinen anhängenden anweſenden Hungarn niedergeſtoßen worden.

krank geworden, nicht ohne Verdacht em- J. Chr.
pfangenen Giftes starb.   Ladis-
                                          lawsTod.
Am 7ten Jäner 1458 kamen die böh-
mischen Großen zur Wahl eines neuen Königs zusammen, und diese Würde bekam vor
vielen andern sich darum bewerbenden Fürsten der bisherige Reichsverweser Georg von Georg v.
Podiebrad aus dem mährischen Geschlechte Podiebrad
der Herren von Kunstadt. Den auch erle-   König.
digten hungarischen Thron aber erhielt durch
die am 22sten Jäner vorgenommene Wahl
der vom Ladislaw in Verhaft gehaltene,
vom Könige Georg aber sogleich auf freien
Fuß gestellte zweite Sohn des Johann Hun-
niads, Mathias Korvin, noch in seiner
Anwesenheit zu Prag. Dieser trat seine
Reise in Hungarn sogleich an, ward vom
Georg mit einem ansehnlichen Geleite an
die hungarische Grenze abgeschickt, hielt aber
zu Strażnitz, wo er den ihm über Brünn
nachkommenden König Georg erwartete, mit
welchem er einen beständigen Freundschaftsbund schloß, der durch die Heurath des
Mathias mit Georgs Tochter Katharina
befestiget wurde.

König Georg hatte nun zwar Böhmen
nicht aber auch Mähren ganz unter seinem
Gehorsame, in welchem Lande ihn viele
Städte, weil er von den beruffenen Kompaktaten nicht abstehen wollte, für einen
Abtrünnigen ansahen, und nicht anerkennen
wollten. Er nahm also einen Zug dahin
vor, und brachte fast ohne Mühe alle
Städte im Znaymer und Iglauer Kreise,
auch

J. Chr. auch Znaym selbst zum Gehorsam, worauf er nach Brünn kam, dem Lande seine Freiheiten bestätigte, und die Huldigung annahm.

Die Stadt Iglau allein verwarf ihn, und zog sich eine Belagerung zu, welche unter Vermittlung des Kaisers durch einen Vertrag geendigt ward, wodurch sich die Stadt dem Könige ergab, seine Besatzung einnahm, und 2000 Schock Mährisch an Unkosten zu erlegen sich verband.

1459. Im Jäner des folgenden Jahres kam der König abermals in Mähren, verweilte in Znaym, Brünn, Hrabisch und Ollmütz, und kam nochmals aus Böhmen nach Brünn zurück, wo auch der Kaiser eintraf, und beide Fürsten am 11ten des Erndtemonats ein Bündniß mit einander schlossen.

Die Schlesier hatten Georgen damals noch nicht anerkannt, und er zog von Brünn aus dahin, um sie dazu zu vermögen. Das ganze Land außer der Stadt Breßlau nahm ihn auch an; aber diese ließ es auf eine Belagerung ankommen.

Sie schlug auch verschiedene Stürme mit großem Muthe ab, ward aber doch dahin gebracht, daß sie endlich um Gnade bat, die sie auch erhielt.

Im Jahre 1460 kam Georg wieder nach Ollmütz, um daselbst zwischen den allda erschienenen Abgeordneten des Kaisers und des Königs in Hungarn einen Vergleich zu vermitteln. Aber die Forderung der Kaiserlichen war viel zu groß, als daß die Hungarn solche hätten ein=

eingehen können. Es warb also nur eine 2. Chr. Verlängerung des Stillstandes, aber kein Frieden zu Stande gebracht. König Georg schloß in diesem Jahre noch ein Freundschaftsbündniß mit König Kasimirn in Pohlen, und machte in Mähren bessere Anordnungen im Münzwesen.

Im Anfange des folgenden Jahrs wurde 1461. zu Ollmütz der Heurathsvertrag mit dem Könige Mathias durch Bevollmächtigte verhandelt, und die Braut durch Mähren in Hungarn gesandt.

König Georg fertigte im Jahre 1462 1462. eine Gesandtschaft nach Rom aus, und gerieth darüber, daß er bei den vom Kirchenrathe erhaltenen Kompaktaten hielt, der päbstliche Stuhl aber dieselben nicht gelten lassen wollte, in weit aussehende Verdrüßlichkeiten. Kaiser Friedrich wurde dieses Jahr von den Wiener Bürgern und seinem Bruder Albert in seiner Burg belagert, vom Könige Georg aber, der ihm seinen Sohn Viktorin zu Hilfe sandte, befreiet.

Er bezeugte seinen Dank dafür unter andern dadurch, daß er auch des Königs beide andere Söhne zu Reichsfürsten und Herzogen zu Münsterberg erhob, (*) dem Viktorin seinem Befreier aber die Graffschaft Katzenelenbogen im Reiche zu Lehen verlieh.

Im

(*) Viktorin hatte diese Würde schon im Jahre 1459 erhalten.

K

J. Chr. Im Jahre 1463 kam Georg nach Brünn, ließ seinen Sohn Viktorin daselbst, und zog in Schlesien, um Breßlau zu belagern, das von ihm wieder abgefallen, und vom Pabste seiner Pflicht gegen den König losgesprochen war. Nach und nach versagten ihm auch mehrere katholische Große in den andern Ländern als einem von der Kirche verworfenen Fürsten den Gehorsam.

Hynek von Lichtenburg, Herr auf Vörtau und Czorstein, war der erste, den der König durch Belagerung seines Schlosses Czorstein zu züchtigen unternahm. Prothas, der Bischof zu Ollmütz, stand dem Könige selbst wider den ungehorsamen Unterthan bei, obwohl ihn der Pabst durch den Bischof von Lawant seinen Legaten ernstlich ermahnte, sein wider den eifrig katholischen Lichtenburg abgeschicktes Volk alsogleich abzurufen. Man erwies aber, daß Lichtenburg nicht des Glaubens wegen, sondern als ein seinem Fürsten widerspenstiger Unterthan gestraft werde; und Czorstein mußte sich zuletzt ergeben, und ward zerstört.

Pabst Paul II. der Nachfolger Pius II. lud um diese Zeit König Georgen zu Vertheidigung seiner Sache auf einem bestimmten Tage nach Rom, und sprach darauf, als er nicht erschien, alle seine Unterthanen von der ihm geschwornen Treue los. Das war der Ursprung der schrecklichen innerlichen Unruhen und Kriege, die Mähren nachher nur allzuhart empfand; denn alle Nachgiebigkeit des Königs, welcher sich für einen

nen Feind der Ketzer erklärte, und erwies, J. Chr.
daß er durch genaue Beobachtung der Kom=
paktaten seinen Gehorsam bezeuge, konnten
ihn mit Rom nicht mehr aussöhnen, so wie
alle Vorstellungen der deutschen Fürsten zu
seinen Gunsten dort nichts für ihn auswir=
ken konnten.

Die Böhmen und Schlesier selbst baten
für ihren König beim Pabste, und die Mäh=
rer folgten ihrem Beispiele. Aber auch diese
erhielten von Rom Befehle, von Georgs
Gemeinschaft abzustehen, und ihm keinen
Beistand wider seine Ungehorsamen zu lei=
sten. (*) Unterdessen daß dieser selbst die
Pikarditen als Ketzer in seinen Landen nicht
duldete, die auch durch seine ganze Regie=
rungszeit hindurch sich nirgends merken las=
sen durften, sondern erst unter seinem Nach=
folger, dem katholischen Wladislaw, sich
auszubreiten Gelegenheit bekamen.

Um diese Zeit (indessen daß Georg end=
lich von Rom aus öffentlich für einen Ke=
tzer erklärt ward, die Seinigen ihm aber
noch immer anhiengen, deren einige ihm nur
den Rath gaben, er möchte von der Be=
harrlichkeit an den Kompaktaten abstehen)

K 2 ent=

―――――――――――――――――――
(*) Diese Befehle ergiengen an den Bischof zu
Olmütz und an die vier Städte Olmütz, Brünn,
Iglau und Znaym, an jede insonderheit. Der
Bischof machte für sich Vorstellungen dagegen,
die vier Städte aber gemeinschaftlich, und baten,
ihrem Könige treu bleiben zu dürfen.

3. Chr. entſtand zwiſchen ihm und dem Könige Mathias (*) in Hungarn darüber Unfrieden, daß einige Hungarn in Mähren, und zur Wiedervergeltung auch die Mährer unter Mathias von Sternberg Herrn auf Lukow in Hungarn eingefallen waren, wozu noch kam, daß ein Haufen Räuber unter dem Namen der Brüder ein ſchädliches Räubergewerbe anfiengen, von welchem Mathias glaubte, daß ſie Georg begünſtige. Aber Viktorin griff den von Sternberg als einen Störer der allgemeinen Ruhe an, und zwang ihn zur Unterwürfigkeit; wodurch Mathias zwar von dem Ungrunde ſeines Verdachts überzeuget, aber doch nicht zufrieden geſtellt worden iſt. (**)

Georg lud den Mathias zu einer Unterredung nach Brünn, und kam dahin; aber dieſer blieb aus, ſandte auch nicht einmal einige Abgeordnete dahin. An deſſen Statt fielen einige Hungarn in das Lundenburger Gebiet, und bald darauf andere Haufen in der Gegend von Brunow und Wiſowitz feindlich in das Land, und ſtreiften bis an die March herein. Die mähriſchen Herren trieben ſie aber bald wieder zurück, und verfolgten ſie bis in Hungarn, wo ſie ebenfalls ſo hauſeten, und den von

den

―――――――――――――

(*) Deſſen Gemahlin Katharina, König Georgs Tochter, war vorher ohne Kinder geſtorben.

(**) Er billigte den Vergleich nicht, den Viktorin mit Sternbergen getroffen hatte.

den Hungarn schon in die Enge gebrachten I. Chr.
sogenannten Brüdern unter der Anführung
eines gewissen Schwechla guten Beistand
leisteten. Diese wurden aber zuletzt doch im
Anfange des folgenden Jahrs in einem Tref=
fen mit den Hungarn meistens erlegt, und
ihr Anführer Schwechla ward aufgehangen.

Im folgenden Jahre erneuerte Rom sei= 1467.
nen Bann wider König Georgen, und die
unabläßliche Ermahnungen des päbstlichen
Legaten durch Schreiben aus Breßlau er=
wirkten endlich, daß nach und nach verschie=
dene Böhmen und Mährer in ihrer Treu
gegen den König zu wanken begannen, und
dann gar von ihm abfielen. (*)

Zdenko von Sternberg veranlaßte eine
Zusammenkunft zu Iglau, wo von der Wahl
eines neuen Königs gehandelt ward; und die
Versammelten waren vor allen andern für
den Kaiser oder seinen Sohn Maximilian
geneigt. Ersterer nahm aber den Antrag
nicht an, und die Widersacher Georgs
wandten sich an König Kasimirn in Poh=
len, den sie für einen Feind Georgens hiel=
ten, weil Ctibor von Cymburg eben um
diese Zeit einige Rebellen in Schlesien ge=
schla=

(*) Die Vornehmsten in Mähren waren: Johann
von Neuhaus zu Teltsch, Johann von Czer=
nahora und alle Bostowige, Heinrich von Lich=
tenstein zu Nikolsburg, Heinrich und Puta von
Sowinec, Wilhelm und Siegmund von Pern=
stein, Johann Bruntalsky von Wrbna, Hinko
von Prustnowitz und Johann von Schwabenig.

J. Chr. schlagen, und sie bis in Pohlen verfolget, daselbst aber einige Oerter feindlich mitgenommen hatte.

Auf alles dieses rüstete sich endlich Georg zum Kriege, appellirte an einen besser unterrichteten Pabst oder den allgemeinen Kirchenrath, und griff vor allen das Haupt seiner Widersacher den Zdenko von Sternberg in seinem Schlosse in Böhmen an, und zu gleicher Zeit ließ er Viktorin von Mähren aus Oesterreich angreifen. (*)

In Böhmen hatte der Anfang des Königs guten Fortgang, und auch in Mähren bekam der aus Oesterreich zurück eilende Viktorin das Königskloster, welches die Partei der Uibelgesinnten, deren Anführer Johann von Boskowitz war, während seiner Abwesenheit einbekommen hatte, wieder in seine Gewalt, und entsetzte auch den belagerten Spielberg, fügte auch den Feinden seines Vaters großen Schaden in ihrem eigenen Gebiete zu.

1468. Im folgenden Jahre gieng aber Bischof Prothas endlich selbst ein heimliches Schutzbündniß mit den Städten Ollmütz, Znaym, Iglau, dem auch die Brünner beitraten, ohne daß sie sich es wegen der inhabenden Besatzung und dem nahen Schlosse Spielberg merken lassen durften, wider den König

---

(*) Kaiser Friedrich war schon längst von der Freundschaft mit Georgen auf Uiberredung des römischen Hofes abgegangen.

nig ein, welches so lang gelten sollte, bis J. Chr. die Großen einen neuen König gewählt, und vom Pabste bestätigt erhalten haben würden. Aber sowohl in Böhmen als in Mähren waren noch die meisten, auch gut katholische Herren, Georgen getreu geblieben. (*)

Endlich kündigte auch König Mathias, vom Pabste und vom Kaiser verhetzt, nachdem er vorher seine eigenen rebellischen Unterthanen begnabigt hatte, unter dem Vorwande: Viktorin habe die in Hungarn hausenden Räuber aus Mähren dahin abgeschickt, seinem Schwiegervater ordentlich den Krieg an. Georg, dazu schon vorbereitet, kam selbst in Mähren, und stand dem hungarischen Heere, das in der Gegend der Stadt Laab gelagert war, und mit welchem sich auch die Oesterreicher und Zdenko von Sternberg mit den Kreuzgezeichneten (**) vereinigt hatten, diesseits der Taya entgegen. Man versuchte Friedenshandlungen. Da aber

---

(*) Die ihm noch treu gebliebenen Mährer waren: die Herren von Lippa, von Krawarz, von Waldstein, von Cymburg, von Sternberg, von Raunitz, Runa und Zagimacze von Kunstadt, von Lomnitz, von Kragirz, von Jierotin, von Daubrawitz, auch einige von Sowinec und von Pernstein, und andere, dann fast der ganze Ritterstand, nebst den Städten Hradisch, Neustadt und Eybenschitz.

(**) Man hatte wider Georgen auch einen Kreuzzug geordnet, und Zdenko von Sternberg warf sich zum Anführer derjenigen auf, die das Kreuz angenommen hatten.

J. Chr. aber Georg den Kaiser davon durchaus ausgeschlossen haben, Mathias aber hievon nichts hören wollte, so zerschlug sich alle Hoffnung zum Frieden, und Georg gieng in Böhmen zurück. Viktorin ward in seinem Lager angefallen, und ob er wohl die Anfallenden muthig und glücklich zurück schlug, so konnte er doch nicht hindern, daß Mathias bis an Znaym vorbrang, den Krieg also ins Land herein spielte, und seine Hungarn die ganze Strecke daherum verheerten. Der schwächere Viktorin sorgte hierauf für die Sicherheit der Schlösser Spielberg und Eichhorn, deren Besatzung er verstärkte, und für Kromau, dessen Vertheidigung er Heinrichen von Lippa überließ; und suchte seine Sicherheit mit dem Reste seiner kleinen Macht zu Trebitsch, wo er die Hilfe, welche ihm sein Bruder Heinrich bringen sollte, erwarten wollte. Er ward aber daselbst angegriffen, und bald gezwungen, in das feste Kloster bei der Stadt, und endlich auch aus diesem in Böhmen zu entfliehen.

Mathias rückte von dem eroberten Trebitsch vor Brünn, und die Bürgerschaft übergab ihm die Stadt wider die Erinnerung Wolfs von Kragirz, welcher Georgs Statthalter war. Sie nahm diesen Getreuen gefangen, und überlieferte ihn dem Uiberwinder. Keine Versprechungen noch Drohungen aber konnten dessen Bruder Leopold von Kragirz, Befehlshabern des Spielbergs, bewegen, auch diesen aufzugeben.

Bald

Bald darnach kamen Viktorin und Heinrich J. Chr. mit frischen Völkern aus Böhmen an, und lagerten sich an der Nordseite des Spielbergs. Sie trafen da mit Mathias einen Stillstand auf drei Monate, und ließen diesem zu, auch Ollmütz und Neustadt in seinen Schutz zu nehmen, wenn diese Städte es begehren würden. Er nahm Ollmütz wirklich in seinen Gehorsam, Neustadt aber widersetzte sich der gegen sie gebrauchten Gewalt.

Nach dieser Verrichtung gieng Mathias in Hungarn, kam aber noch vor Ende dieses Jahrs zurück, und zog durch Mähren wider Georgen in Böhmen, wo er einige Oerter belagerte. Doch war er in diesen Unternehmungen nicht glücklich; und da auch Heinrich aus Schlesien zurückkam, wohin er bald nach dem bei Brünn getroffenen Stillstand eilen mußte, so fand Mathias für gut, einen Frieden einzugehen, der aber unglücklicher Weise nur einige Tage lang dauerte, weil die abziehenden Hungarn in der Gegend von Polna allerlei Muthwillen ausübten, Heinrich aber sie mit den Waffen bestrafte, worüber es von neuem zum Bruche kam.

Da König Georg mit den Rebellen und Kreuzbezeichneten selbst in Böhmen genug zu thun hatte, Heinrich wider die muthwilligen Breßlauer in Schlesien ziehen mußte, Viktorin allein also in Mähren viel zu schwach war, dem Mathias Widerstand zu thun; so brachte dieser, ohne die Stadt Hradisch

J. Chr. und das mit einer starken Besatzung versehene Kloster gleiches Namens bei Ollmütz, dann die festen Schlösser Eichhorn, Ratschitz, Cymburg, Helfenstein, Lukow, Brunow, Buchlau und den Spielberg, fast das ganze Land in seine Gewalt. Selbst der Spielberg mußte sich ihm in Kurzem ergeben.

1469. Nach hinterlegtem Winter, den Mathias in Hungarn zubrachte, griff er die Stadt Hradisch zwar vergebens an, bekam aber durch List das Schloß Lukow ein, und kam nach Ollmütz, woraus zwischen ihm und König Georgen eine Zusammenkunft zu Sternberg beliebt, und als sie da zusammen kamen, ein ganzjähriger Stillstand beschlossen ward. Aber er bestand wieder nicht.

Die widriggesinnten Böhmen und Mährer, von den Bischöfen zu Ollmütz, Breßlau und Waradein verleitet, riefen den Mathias zu Ollmütz zum Könige in Böhmen aus, und dieser nahm den Antrag am 3ten Mai an, gieng auch von da gerade in Schlesien, und empfieng die Huldigung von diesem Lande.

Viktorin nahm indessen in der Abwesenheit Königs Mathias verschiedene Oerter in Mähren ohne vielem Widerstande ein, und erhielt einige Verstärkung aus Böhmen, mit welcher er der Sache seines Vaters in etwas aufhalf. Er hauste auf den Gütern der Anhänger des Mathias beinahe grausam, wurde aber darüber auch

seinen bisherigen Freunden zur Last, und J. C.
in Kurzem von dem zurückkommenden Mathias geschlagen, und sich nach Hradisch zu
retten gezwungen. Hier widerstand er zwar
der Belagerung dieses Königs, und zwang
ihn, sie aufzuheben.

Er gerieth aber bald darauf bei Wesseli,
oder nach wahrscheinlicher Meinung auf einer Reise zu seinem Schwager Heinrich von
der Lippa nach Kromau durch Verrath in
die Hände des Mathias, der ihn mit sich
in Hungarn abführte, und erst im Jahre
1472, lang nach König Georgs Tode, wieder in Freiheit setzte; worauf König Georg
an Viktorins Statt Ctiborn von Cymburg
zum Landeshauptmann bestellte.

Das Kloster Hradisch konnten die Anhänger des Mathias mit aller ihrer aus
Ollmütz angewendeten Gewalt nicht bezwingen, und Heinrich, der Sohn König Georgs, kam der beängstigten Besatzung zu
Hilfe. Da auch Mathias selbst bald wieder aus Hungarn heran kam, und die Stadt
Hradisch nochmals angriff; so rückte Heinrich näher gegen ihn an, und schlug ihn in
die Flucht, daß er kaum selbst nach Hungarisch Brod entkam, wo er eine Besatzung
zurückließ, und wieder in Hungarn abgieng.

Im folgenden Jahre bestimmten eini- 1470.
ge böhmischen Großen, ohne Widerstrebung
König Georgs, ihm Wladislaw, König
Kasimirs in Pohlen Sohn, zum Nachfolger: eben zu einer Zeit, da Kaiser Friedrich
mit dem Könige Mathias uneinig geworden

J. Chr. den war. König Georg sandte einiges Volk in Mähren voraus, um Iglau einzunehmen, und kam bald mit mehrerem nach, ließ aber von der Belagerung dieser Stadt ab, als er die Nachricht von dem Anzuge Königs Mathias erhielt, und rückte weiter ins Land vor. Da nahm er das Königskloster bei Brünn, wie auch die Schlösser Eichhorn und Czernahora ein, und zog ferner bis an die March bei Kremsier, und von dannen noch weiter bis an Hradisch dem Feinde entgegen. Mathias, der um diese Zeit bei Strazniz stand, wollte kein Treffen wagen, sondern drang seitwärts in das Land, verwüstete das Gebiet Heinrichs von Lippa, und kam nach Brünn. Dahin wandte sich auch Georg, und lagerte sich auf dem sogenannten Königsfelde. Beide Könige bereiteten sich zu einer Schlacht, ließen sich aber auch die Vorwendungen und Unterhandlungen einiger böhmischen und mährischen Großen (*) gefallen, welche endlich zuerst einen Stillstand, dann einen vollkommenen Frieden auf die Bedingnisse vermittelten: daß Georg, so lang er leben würde, Böhmen behalten, Mathias aber ihm nachfolgen, indessen aber Viktorinen in Freiheit setzen, und ihm entweder Mähren oder
die

(*) Diese waren von Mähren: Heinrich von Lippa, Ctibor von Cymburg, Johann von Pernstein und Johann von Haugwiz.

die Lausitz, oder einige Herrschaften in Böh- J. Ehr-
men einräumen solle.

Dieser Vertrag stand auch den Böhmen
größtentheils an, deren ohnedem nur schon
sehr wenige an den Wladislaw aus Pohlen hiengen; und es waren ihrer schon viele
auf dem Wege, solchen gänzlich zu Stand
zu bringen, als Georg am 22sten März
des Jahrs 1471 im 51sten Jahre seines 1471.
Alters und dem 13ten seiner kummervollen Georgs
beschwerlichen Regierung starb. Tod.

Dieser Tod veranlaßte abermals Ver-
sammlungen, worin über die Wahl eines
neuen Königs berathschlaget wurde. Es kamen Mitwerber um die erledigte Krone im
Vorschlage: der König Mathias in Hungarn, Wladislaw der Pohle, Kaiser Friedrich, Heinrich Georgs Sohn, Ludwig XI.
König in Frankreich, Ludwig Herzog in
Bayern, und Albrecht der Markgraf in
Meißen.

Endlich ward von den mehreren Wla- Wladis-
dislaw der 15jährige Sohn Kasimirs Kö- law Königs in Pohlen gewählt, und durch Abge- nig.
ordnete ins Reich gesaten, obwohlen die
mächtigeren Anhänger Mathias dawider
waren. Mathias meldete sich durch Gesandte, welche nicht einmal gehört wurden,
und ward durch einen Aufstand der Hungarn
gehindert, sein Recht an Böhmen auszuführen. Wladislaw kam also, nachdem er
vorher die ihm von den Böhmen vorgeleg-
ten 15 Punkte angenommen hatte, unge-
hin-

J. Chr. hindert nach Prag, und übernahm die Regierung.

Mathias, welcher indessen in Hungarn Ruhe hergestellt hatte, kam im Herbste in Mähren, und bis an die böhmische Grenze. Aber neue Unruhen in seinem Hungarn riefen ihn nochmal dahin ab, und Mähren ward dieses Jahr allein von großer Hungersnoth geplagt, welche theils die Unfruchtbarkeit des Jahrs, theils die verheerenden Durchzüge der Krieger verursacht hatten. Diese Noth wirkte die Ergebung des Klosters Hradisch an die Stadt Ollmütz.

1472. Im Jahre 1472 führte Mathias seinen Einfall in Böhmen aus. Er besetzte einige ihm vom Viktorin, der ihm nun anhieng, übergebene Städte, mußte aber bald zurückweichen. Mähren hingegen hielt noch meistens an Mathias, obwohl in der Folge verschiedene Große dieses Landes auch dem Wladislaw zufielen.

1473. Zu Neiß ward das Jahr darauf eine Friedensunterhandlung, und bald darauf eine zweite zu Troppau vorgenommen, beide aber erreichten den Endzweck nicht.

Der Zustand Mährens war um diese Zeit der beklagenswürdigste. Denn nebst den unter die zween Könige getheilten Parteien, und der noch nicht ganz überstandenen Noth an Lebensbedürfnissen verheerte es noch ein räuberischer Schwarm muthwilliger Menschen, welche sich, wie die oben angemerkten, Brüder nannten, und raubten, wo etwas zu nehmen war. Ein neuer Friedensversuch war

war nochmals fruchtlos, und ein eudlich den- J. Chr.
noch auf drei Jahre getroffener Stillstand
ward nicht gehalten.

Mathias belagerte die Stadt Hradisch
abermals vergeblich, zog in Pohlen und
Schlesien, erlitt unweit Olau von den Poh‑
len eine Niederlage, erholte sich wieder in
etwas, und gieng endlich einen neuen Still‑
stand auf 30 Monate ein, während welchen
er des Königs in Neapel Ferdinands Toch‑
ter Beatrix heurathete, und einen heftigen
Krieg mit Kaiser Friedrichen führte.

In der Fasten des Jahrs 1478 ver- 1478.
sammelten sich die böhmischen und mähri‑
schen Stände in Brünn, und versuchten noch‑
mals zwischen beiden Königen einen Ver‑
gleich, aber sie brachten damals nur die
Verlängerung des Stillstandes zuwegen; und
erst im folgenden Jahre kamen beide Könige
selbst in Olmütz zusammen, wo sie endlich
einen vollkommenen Frieden schlossen, vor‑
nämlich auf die Bedingnisse: daß beide den
Titel von Böhmen führen, doch Mathias
sich dessen gegen den Wladislaw nicht ge‑
brauchen, dieser allein Böhmen, Lausitz,
und die Fürstenthümer Schweidnitz und
Jauer in Schlesien inne haben, Mathias
Mähren mit dem Herzhgthume Troppau
und dem übrigen Schlesien behalten, der
Bischof zu Ollmütz aber beide Könige für
seine Herren erkennen, alles dem Könige
Mathias durch diesen Frieden zufallende Land
aber, auf den Fall, daß er ohne Erben
stürbe,

n. Chr. stürbe, wieder an die Krone Böhmen fallen sollte.

1480. Im Jahre 1480 hatten abermals viele mächtige Räuber einige Schlösser inne, woraus sie an den umliegenden Großen Muthwillen ausübten. Der Landeshauptmann, mit Beistande der königlichen Besatzungen, reinigte das Land aber in Kurzem von diesem Uibel durch Einnahme und Zerstörung solcher Raubnester.

1483. Im Jahre 1483 riß eine andere Plage, eine sich stark ausbreitende Seuche, im Lande ein, wodurch manches Ort seine meisten Inwohner verlor.

1486. Im Jahre 1486 ward ein durch mehrere Jahre daurendes Mißvernehmen zwischen dem Herren= und Ritterstande einer= dann den Städten andererseits über die Befugniß, Landgüter, und in den Städten Häuser an sich zu bringen, durch einen Vergleich gehoben. König Mathias war in diesem Jahre mehrmals mit Kaiser Friedrichen in Krieg gerathen, und hatte sich während dessen Lauf fast ganz Oesterreich bemächtiget, endlich aber mit ihm nochmals durch einen Frieden verglichen.

1488. Noch hatte er im Jahre 1488 einen Krieg mit dem Herzoge zu Sagan und Glogau, den er glücklich ausführte, und endlich starb er an einem Schlagflusse zu Wien am Palmsonntage des Jahrs 1490.

Mathias Tod. 1490.

Mähren nahm gleich nach dessen Tode den König Wladislaw für seinen Herrn an, und nicht nur die Lausitz und Schlesien folgten dem Beispiele von Mähren, sondern auch

auch die Hungarn wählten ihn. Dieser ge- J. Chr.
rieth bald mit Kaiser Friedrich und dem römischen Könige Maximilian, welcher Oesterreich wieder einnahm, und auch bis in Hungarn einbrang, in einen Krieg, der doch
in Kurzem mit der Bedingniß geendiget
ward: daß Hungarn, im Falle Wladislaw
ohne Erben abstürbe, an Maximilian und
seine Erben fallen solle. Vor erfolgtem
Frieden waren aber die Kaiserlichen in den
mittägigen Theil des Brünner Kreises eingefallen, und hatten von den Herrschaften
Nikolsburg, Lundenburg und dasigen Gegenden vielen Raub zusammen gebracht, mit
dem sie schon aus dem Lande hinaus gekommen waren, als sie einige mährische Herren mit ihren Leuten ereilten, sie schlugen,
und ihrer Beute wieder beraubten, auch dafür eine Strecke Landes in Oesterreich selbst
zur Vergeltung verheerten.

Wladislaw kam erst im Jahre 1497 1497.
auf vieles Andringen wieder einmal aus Hungarn in Böhmen. Noch eben in diesem
Jahre gieng er aber wieder über Ollmütz
in Hungarn zurück. Nach dessen Abzuge
vertilgte der Landeshauptmann in Mähren
abermals verschiedene noch von den vorigen
Zeiten übrige Raubnester im Lande.

Im Jahre 1502 kam Wladislaw wie- 1502.
der zu Beilegung einiger Irrungen auf eine
kurze Zeit nach Prag, eilte aber bald nach
Ofen zurück, wo er mit Anna, der Tochter des Herzogs Wilhelms von Aquitanien,
am 6ten Weinmonats Beilager hielt, welche

L   im

J. Chr. im folgenden Jahre Annen, nachmalige Ge‐
mahlin Kaiser Ferdinands I., und im Jah‐
1506. re 1506 Ludwigen den einzigen Sohn und
Nachfolger Wladislaws, letztern mit dem
Verluste ihres Lebens zur Welt brachte. Im
1507. folgenden Jahre 1507 riß hie und da eine
Seuche im Lande ein.

Wladislaw, nachdem er vorher allerlei
Unruhen in Böhmen zwischen den Ständen
durch Bevollmächtigte beigelegt hatte, kam
1509. im Jahre 1509 mit seinem Sohne Ludwig
auf Brünn, und von dannen nach Prag,
wo er diesen zum König krönen ließ. Er
zog aber darauf nach einigem Aufenthalte
in Mähren wieder in Hungarn zurück, und
als dort bald hernach die Pest einriß, von
dannen wieder in Mähren, und nach Breß‐
lau in Schlesien.

Um diese Zeit verbreitete sich in Böh‐
men und Mähren die Sekte der Pikarditen
unter dem Namen der Bundesbrüder, und
sie fanden in beiden Ländern Anhänger un‐
ter den ansehnlichsten Geschlechtern. (*) Der
König verbot auf das gleich eifrige Anbrin‐
gen der Katholiken sowohl als der Kalixti‐
ner, sie zu dulden; doch achteten sie diesen
Verbot wenig.

Im

(*) In Mähren waren es die Cymburge, Kaunitze,
Daubrawietze und einige von den Bosfowigen,
Lomnigen und Zierotinen. Die hartnäckigste
Vertheidigerin derselben aber war Martha von
Boskowitz, die sie auch mit Schriften verfochte.

Im Jahre 1511 verursachte ein starkes Erdbeben, das viele Oerter betraf, und auch Gebäude niederwarf, großen Schaden. Eine andere Plage des Landes waren abermals verschiedene neue Raubnester in festen Schlössern, welche im folgenden Jahre 1512 nochmals mit Gewalt eingenommen und zerstört wurden. Die bezwungenen Räuber erhielten überall den Strang zum Lohn.

Im Jahre 1514 hatte der König mit seinen aufrührischen Hungarn zu thun, die er durch Hilfe der Böhmen und Mährer zum Gehorsam zwang. Im Jahre 1515 aber verlobte er seine beiden Kinder an die Kinder des Kaisers Maximilians, worauf er im folgenden Jahre 1516 den 13ten März im 62sten Jahre seines Alters zu Ofen starb.

Ludwig folgte seinem Vater im zehnten Jahre seines Alters, und hatte Kaiser Maximilian und König Siegmund in Pohlen zu Vormündern. Mähren empfand um diese Zeit abermals Beschwernisse von Räubereien, die mit vieler Mühe ausgerottet wurden, genoß aber im übrigen des Friedens von außen. Im Jahre 1521 hielt der junge König Beilager mit der ihm 6 Jahre vorher verlobten Braut, und im folgenden zog er durch Mähren in Böhmen nach Prag, wo er die Reichsgesetze beschwor, und nochmals die Krone empfieng. Dort verblieb er bis zum Anfange des folgenden Jahres, da er abermals in Mähren nach Ollmütz kam, auch einige Zeit in Kremsier verweilte, und wieder nach Ofen abgieng.

164 Unter den König- und Markgraf.

J. Chr.
1524.
1525.

In Mähren verbreiteten sich die Pikarditen immer mehr, und auch der wiederholte Befehl des Königs, daß sie nirgendswo zu dulden seyn, hinderte nicht, daß diese Sekte nicht immer stärker Wurzel faßte. Der junge König unternahm im folgenden

1526. Jahre in Person einen Zug wider die in Hungarn immer mehr hervorbringenden Türken, ließ sich wider den Rath seiner getreuen Böhmen und Mährer mit mehrerem Muthe als Vorsicht am 29sten des Erndtemonats bei dem Flecken Mohacz an der Donau mit einem zwar tapfern aber viel zu kleinen Heere wider den ungeheuren Schwarm seiner Feinde in ein Treffen ein, in welchem diese einen blutigen doch vollkommenen Sieg erhielten, das Heer Ludwigs beinahe eine gänzliche Niederlage erlitt, und der unglückliche König selbst in der Flucht mit dem

Ludwigs
Tod

Pferde in einen Morast stürzte, worin er stecken blieb, und elend ohne Hilfe umkam.

Unter den Königen und Markgrafen aus dem Hause Oesterreich.

Ferdinand I.

Ferdinand, der Sohn des Kaisers Maximilian I. und Gemahl der Schwester des abgelebten Königs Ludwig, brachte sein Recht auf
des=

dessen hinterlassene Länder aus dem Vertrage vom Jahre 1515 durch Abgeordnete an die böhmischen Stände, und ward von denselben am 24sten Weinmonats eben dieses Jahrs zum König erwählet. Er kam im Jäner des folgenden Jahrs nach Iglau, wo er den ihm entgegen kommenden Böhmen ihre Freiheiten beschwor, und darauf nach Prag, wo er samt der Königin die Krone empfieng.

J. Chr.

zum König gewählt. 1527.

und gekrönt.

Er verweilte aber da nicht lange, sondern gieng in Mähren und Schlesien, die Huldigung anzunehmen, und wieder zurück nach Wien, um Hungarn näher zu seyn, woselbst seine Feldherren indessen dem Johann Weywod in Siebenbürgen, welchen die meisten Magnaten zum König erwählt hatten, schon einigemal besiegt hatten. Er empfieng noch im nämlichen Jahre die hungarische Krone zu Ofen.

auch in Hungarn.

Mähren gerieth in große Gefahr, als im Jahre 1529 ein ungeheures Heer Türken, vom Sultan Solimann geführt, die Stadt Wien vom 21sten Herbstmonats bis den 15ten Weinmonats belagerte, und rings herum das offene Land verheerte. Es waren aber an den Grenzen so gute Anstalten getroffen, daß diese Verwüster sie nicht überschreiten konnten.

1529.

Im folgenden Jahre bewilligten die mährischen Stände dem Könige auf dem Landtage zu Olmütz eine ansehnliche Hilfe wider die Türken, und erhielten von ihm, daß er in seinem ganzen Titel jenen eines Markgrafen

1530.

grafen in Mähren gleich nach dem erzherzoglichen setzen würde.

1531. Im Jahre 1531 war sowohl in Mähren als in Böhmen eine große Noth und Theurung am Getreide.

Mähren genoß hierauf durch die ganze Dauer des Kriegs in Ungarn in seinem In-
1538. nern des Friedens. Im Jahre 1538 ward jener durch einen Vertrag zwischen Ferdinand und Johann nur auf ein Jahr lang oder wenig darüber unterbrochen: denn da Johann starb, rief dessen hinterlassene Wittwe den Solimann um Beistand für ihren unmündigen Sohn an; dieser bemächtigte sich aber Hungarns für sich selbst, und der darauf entstandene Krieg dauerte fast ununterbrochen, obschon ohne vieler Heftigkeit, bis in das Jahr 1562.

Indessen hatte sich um diese Zeit die Sekte der Wiedertäufer in Mähren eingefunden und ausgebreitet, und Mähren sandte fast alljährlich Volk zu Unterstützung des Krieges in Ungarn, hielt auch seine Grenzen gegen die immer näher kommenden Türken in gutem Vertheidigungsstande.

Die Böhmen verweigerten im Jahre
1546. 1546, ihrem Könige in dem schmalkaldischen Kriege wider den Kurfürsten in Sachsen beizustehen, und unterstanden sich in der Folge sogar, dem kaiserlichen und ihres Königs Heere mit ihrem an die Grenze gestell-
1547. ten Volke den Eingang ins Land zu verwehren, konnten aber die Mährer, die sie in ihre Sache mit einzumischen suchten, nicht

dazu

dazu bewegen. Dafür bestrafte der König J. Chr. aber, nach dem wider besagten Kurfürsten erfochtenen Siege, viele von den böhmischen Herren und Städten theils mit dem Verluste ihrer Freiheiten und Einziehung der Güter, theils am Leibe und Leben, und sahe hingegen die treuen Mährer mit vielen Gnaden an.

Im Jahre 1549 ließ Ferdinand seinen ältern Sohn Maximilian auf dem Landtage zu Prag am 14ten Hornung zum böhmischen König krönen. Auf einem andern im Jahre 1552 aber bewilligten die Böhmen und die Abgeordneten der Stände aus Mähren, Schlesien und Lausitz nicht nur eine stärkere Hilfe gegen die Türken, sondern bewilligten auch die vorhabende Abtretung der schlesischen Fürstenthümer Oppeln und Ratibor gegen Siebenbürgen.

1549. Maximilian gekrönt.

1552.

Im Jahre 1554 schaffte Ferdinand alle Pikarditen und Anhänger anderer neuer Lehren aus seinen gesamten Ländern. Die Mährer verwandten sich aber so inständig für die sogenannten Brüder und die Wiedertäufer, daß diese endlich doch noch ferner im Lande geduldet werden durften.

1554.

Ferdinand, schon im Jahre 1530 zum römischen König erwählt, wurde im Jahre 1556 nach Karls V. seines Bruders Absagung Kaiser; schloß endlich mit Solimann in Hungarn 1562 einen ordentlichen Frieden, und starb am 25sten Heumonats des Jahrs 1564 im 62sten seines Alters.

Ferdinand I. Kaiser. 1556.

1562. dess. Tod. 1564.

L 4

Maxi=

Maximilian.

J. Chr.

Der schon zum böhmischen und römischen König gekrönte ältere Sohn Ferdinands, Maximilian, unter den Kaisern der zweite dieses Namens, geboren am 1sten Erndtemonats des Jahrs 1527, trat nach diesem Todesfalle die Regierung der Reiche seines Vaters ohne Widerspruch an; aber bald bekam er in Hungarn mit Siegmund Bathor, Fürsten in Siebenbürgen, und mit den Türken zu kriegen. Mähren hatte von innen unter diesem Fürsten beständige Ruhe. Er starb am 12ten Weinmonats des Jahrs 1576 auf dem Reichstage zu Regensburg, und hinterließ sechs lebende Söhne: Rudolph, Ernst, Mathias, Maximilian, Wenzl und Albrecht.

Stirbt 1576.
dessen Kinder.

Rudolph,

der älteste dieser Söhne Maximilians, war nur wenige Wochen vorher am 21sten Herbstmonats zum König in Böhmen gekrönt worden, und nahm nach des Vaters Tode sogleich die Regierung auf sich. Er wohnte im Sommer folgenden Jahrs 1577 einem Landtage in Ollmütz bei, auf welchem ihm die mährischen Stände huldigten.

zum König gekrönt.
1577.

Ungefähr in eben diesem Jahre ward in Mähren und insonderheit zu Brünn die vor dem in diesem Lande unbekannte neapolitanische Krankheit oder die jetzt sogenannte Lustseuche zum erstenmal entdeckt.

Im

Im Jahre 1582 ward auf einem zu J. Chr. Brünn gehaltenen Landtage von Verwahrung und Versorgung der Grenzörter Mährens gegen Hungarn gehandelt; und die Stände erhielten vom Kaiser, daß ihnen alle schriftliche Befehle nirgendswoher als von der böhmischen Hofkanzlei und in der Landessprache zugefertiget werden sollen.

Maximilian, des Kaisers Bruder, ward im Jahre 1587 nach Absterben Stephan 1587. Bathors, Königs in Pohlen, von einigen Großen dieses Reichs zu dessen Nachfolger erwählet, denen er auch zu Ollmütz den Eid leistete; aber er gerieth zu Anfang des folgenden Jahrs der Gegenparthei in die Hän- 1588. de, und mußte seine Befreiung durch Entsagung seiner Ansprüche an diese Krone erkaufen.

Am 15ten Herbstmonats im Jahre 1590 1590. um die Abendszeit ward nicht nur in Mähren sondern auch in Böhmen, Schlesien und Hungarn ein starkes Erdbeben gespürt.

Im Jahre 1599 unternahmen die Tür- 1599. ken und Tatarn, nachdem sie das kaiserliche Heer durch einen falschen Friedensanbot sicher gemacht hatten, einen Streif in das offene Land Hungarn, und überschritten auch schon die mährische Grenze. Das auf allem Falle bereitete Landvolk gieng ihnen aber zeitlich genug entgegen, daß Mähren für diesmal keinen sonderlichen Schaden litt. Aber im Frühlinge des Jahrs 1605 ward 1605. es um so mehr mitgenommen, als die sogenannten Heiducken, ein hungarisches Volk,

das

J. Chr. das unter dem Heere des wider den Kaiser zu Felde stehenden Siebenbürger Fürsten Stephan Boczkay stand, ins Land einfielen, und fast den ganzen Hradischer und einen großen Theil des Brünner Kreises verheerten, ehe das Landvolk sich ihnen zu widersetzen haneilen konnte. Dieser Schwarm unterstand sich sogar, an den Grenzen des Landes bei Gödding eine Art von Verschanzung aufzuwerfen, und von da aus die Gegend herum anzufallen, bis derselbe endlich mit einer aus Böhmen angekommenen Hilfe hinausgedrängt ward.

1608. Auf dem im Jahre 1608 in Hungarn gehaltenen Landtage, der eigentlich die Bestätigung des mit dem Türken geschlossenen Friedens zum Gegenstande hatte, verbanden sich mit den Hungarn auch die österreichischen Stände ohne Wissen des Kaisers, und nahmen den Erzherzog Mathias anstatt des sich mit den Regierungsgeschäften wenig abgebenden Kaisers für ihren König und Herrn an, und die mährischen, von Karl von Zierotin, Karl von Lichtenstein und Georg von Hoditz dazu beredet, traten diesem Bunde auch bei.

Der darüber entrüstete Kaiser und verschiedene auswärtige Fürsten ermahnten den Mathias, von dem Vorhaben, dem Kaiser den größten Theil seiner Länder zu entziehen, abzustehen. Dieser aber trug Bedenken, seine Getreuen nach schon angefangenem Werke einiger Gefahr auszusetzen, rückte also mit einem bis 20,000 Mann star=

starken Heere in Böhmen, und gerade vor J. Chr. Prag, sandte seine Abgeordneten auf den daselbst versammelten Landtag, und verlangte vom Kaiser die Bestätigung alles dessen, so die hungarischen und mährischen Stände auf dem Preßburger Landtage beschlossen hatten. Es kam auch endlich dahin, daß der Kaiser die Forderung des Königs mit einigen Einschränkungen eingieng; und in dem am 14ten Brachmonats ausgefertigten Vertrage seinem Bruder Mathias nebst Hungarn und Oesterreich auch Mähren mit dem Titel eines Markgrafens überließ, und ihm zu seinem Nachfolger in Böhmen bestimmte. Dieser kehrte hierauf, von den mährischen Herren bis an die Grenze des Landes begleitet, zurück, und ward auf einem zu Ollmütz gehaltenen Landtage am 26sten Heumonats als Markgraf angenommen und ausgerufen.

Mathias.

Im folgenden Jahre den 15ten März ertheilte König Mathias den Oesterreichern einen sogenannten Majestätsbrief, das ist: die Freiheit, was immer für eine Religion zu bekennen; und von diesem Beispiele gereizet, drangen die unkatholischen Böhmen dem Kaiser Rudolph, welcher sich lange dagegen sträubete, mit einem auf die Beine gestellten Heere, an dessen Spitze Mathias Graf von Thurn, Leonhard von Fels und Johann von Bubna waren, untern

J. Chr. term 5ten Heumonats einen eben solchen Brief ab. Viele katholische Herren, insonderheit der Obristkanzler Zdenko von Lobkowitz, Wilhelm von Slawata und Jaroslaw von Martinitz wollten solchen weder unterschreiben, weder dessen Kundmachung beiwohnen; worüber schon damals der nachher ausgebrochene Groll der Unkatholischen wider sie entstand.

Im Brachmonate dieses Jahrs wohnte Mathias einem Landtage zu Ollmütz bei, auf welchem auch die unkatholischen Stände in Mähren unter der Anführung Ulrichs von Kaunitz auf die Religionsfreiheit drangen. Der König war auch dazu nicht ganz abgeneigt; doch hintertrieben solches nebst dem Kardinale von Dietrichstein, Bischofen zu Ollmütz, mehr andere katholische Herren.

1610. Auf die Nachricht, daß der Kaiser zu Prag und im Reiche, besonders um Passau, vieles Kriegsvolk unter dem Vorwande: wegen der Nachfolge in den erledigten jülchischen und klevischen Ländern anwerbe, stellte der Landeshauptmann Karl von Zierotin auch in Mähren ein kleines Heer von 1000 zu Pferd und 3000 zu Fuß zusammen, welches der König ihm im ersten Eifer zwar verwies, doch bald als eine Vorsicht belobte. In der That fiel das passauische Volk gegen Ende dieses Jahrs, nachdem sich viele Fürsten vergebens bemühet hatten, den Kaiser mit dem Könige auszusöhnen, oder letztern zu Abtretung der schon beherrschenden Länder

der zu bewegen, in Oberösterreich ein, und das mährische zog zu Anfang des folgenden Jahrs demselben entgegen, um welche Zeit jenes aber schon in Böhmen eingebrochen war, wo es sich am 13ten Hornung auf dem weißen Berge lagerte, und zween Tage darauf in die kleine Seite der Stadt Prag eindrang; ein Theil desselben, welcher sich über die Brücke bis an die Altstadt hinüber wagte, ward daselbst von den Bürgern erschlagen.

J. Chr.

1611.

Die Böhmen baten den König Mathias und die mährischen Stände um Hilfe gegen diesen Uiberfall.

Das kurz vorher angeworbene mährische Volk unter der Anführung Georgs von Hodiz und der Brüder Rudolph und Friedrichs von Teuffenbach eilte voraus dahin, und der König zog diesem über Znaym und Iglau selbst so geschwind nach, daß er mit selben zugleich in Prag eintraf, wo auch schon Volk aus Oesterreich angelangt war.

Der Kaiser sah diese Ankunft des Königs mit einem Heere ungern, ließ sich solche aber doch gezwungen gefallen, und endlich, von allen verlassen, sogar dahin bewegen, daß er auch die Böhmen aller Pflichten gegen ihn erließ, welche sich dann dem Könige Mathias ergaben, und ihn am 23sten Mai zum König krönten. Kaiser Rudolph starb hierauf am 14ten Jäner des folgenden Jahrs, und Mathias ward auch im Reiche einmüthig zum Kaiser erwählet.

Mathias gekrönt.

Rudolphs Tod.

Mathias Kaiser.

Im

J. Chr.
1614.
1615.
 Im Jahre 1614, und wiederum 1615 wurden zu Prag in Beiseyn des Kaisers Landtäge gehalten, denen auch die Abgeordneten der mährischen, schlesischen und lausitzischen Stände beiwohnten; worauf nebst einem allgemeinen Schutzbündnisse zwischen diesen Ländern auch beschlossen wurde: daß kein der Landessprache Unkündiger mehr als Landessaß angenommen, noch zum Bürgerrechte zugelassen, die Schulen und Pfarrer nur mit Eingebornen besetzet, und alle Gerichte und Landtäge nur in böhmischer Sprache gehalten werden sollen. Im letztgedachten Jahre ward abermal ein starkes Erdbeben in Mähren und Böhmen verspüret.

1617.
Ferdinand II. gekrönt.
 Auf dem Landtage des Jahrs 1617 ward der mit dem Kaiser darauf erschienene, von ihm an Kindes Statt angenommene Erzherzog Ferdinand von Grätz am 6ten Brachmonats einhellig zum König in Böhmen ausgerufen, denn auch der Graf von Thurn, Kolon von Fels, Wenzl von Ruppa, Wilhelm von Lobkowitz und Johann von Talmberg, die einzigen, welche seiner Wahl entgegen waren, stimmten endlich den übrigen bei. Er ward am 29sten desselben Monats gekrönet, und er nahm auch noch in diesem Jahre die Huldigung in Mähren, in Schlesien und in der Lausitz an.

 Als im folgenden Jahre 1618 der königliche Statthalter den unternommenen Bau eines neuen unkatholischen Bethauses nicht gestatten wollte, brach das schon einige Zeit gepflo=

gepflogene heimliche Verständniß der unka= J. Chr.
tholischen böhmischen Herren und ihr Groll
gegen die ihrem Könige getreuen Katholi=
schen (*) gählings in einen offenbaren Auf=
ruhr aus, und sie (**) stürzten am 23sten
Mai die Herren Wilhelm von Slawata
und Jaroslaw von Martinitz mit dem
Geheimschreiber Fabricius oder Plattner aus
der Kanzlei des Prager Schlosses 28 Ellen
hoch in den Graben hinab, ohne daß einer
dieser Herren auch von den nach ihnen ge=
schehenen Schüssen ums Leben kam.

Dieses war die Losung zu dem bald dar=
auf entstandenen verderblichen innerlichen,
und auch mit auswärtigen Feinden in allem
volle dreißig Jahre lang fortgedauerten Krie=
ge. Denn die aufrührischen Stände hörten
weder eine Abmahnung des Kaisers oder des
Königs, noch jene auswärtiger Fürsten, oder
der

(*) Diese waren die Herren Adam von Sternberg,
Obrist Burggraf, Adam von Waldstein, Obrist
Hofmeister, Wilhelm von Slawata, Obrist Hof=
richter, Jrroslaw von Martinitz, Hofmarschall,
Mathes von Lobkowitz, Großprior des Johan=
niters Ordens, Georg von Talmberg, Obrist
Landrichter, Karl Mraczky, Rath, und Johann
von Klenow, Obrist Landschreiber.

(**) Die Häupter der Aufrührer, die bei dieser
That Hand an'legten, waren: der Graf Mathias
Heinrich von Thurn, Kolon von Fels, Wil=
helm der ältere von Lobkowitz, Joachim und
Albin Grafen Schlick, Wenzl von Ruppa, Al=
brecht Smirziczky, Johann von Rziczan, Ul=
rich Wchinsky, Bohuslaw Berka und Paul
Kaplirz.

der abgeordneten Mährer, welche Ruhe herzustellen bemüht waren; sondern rückten mit ihrem Volke ins Feld, gegen welches bald darauf auch ein kleines kaiserliches Heer unter dem Generale Dampier ins Land kam.

Die Mährer hatten indessen einige tausend Mann zur Sicherheit ihres Landes zusammengebracht, (*) und sahen dem Feuer nahe an ihren Grenzen aufmerksam zu.

Uiber diese Unruhen starb Kaiser Mathias am 20sten Mai des folgenden Jahrs nach hinterlegtem 62sten Jahre, und hinterließ das aufgestandene Böhmen und andere Reiche dem schon auch in Hungarn gekrönten König

Ferdinand II.

Dieser ermahnte die aufrührischen nochmals zur Ruhe, und erbot sich zur Bestätigung aller Freiheiten des Landes; aber alles vergeblich. Der Graf von Thurn kam mit einem bei 16000 Mann starken Heere der böhmischen aufrührischen Stände zu Znaym an, besetzte den Pöltenberg daselbst, und sandte Petern Sedlnizky, einen der Obristen des mährischen Volkes, mit 1000 Pferden an die in Brünn versammelten mährischen

---

(*) Die Obristen waren: Albrecht von Waldstein, der nachmalige Herzog von Friedland, Georg von Nachod und Peter Sedlnizky; der Kardinal von Dietrichstein aber hatte das Generalat.

schen Stände. Er wurde in die Stadt ein= J. Chr.
gelassen, und die in großer Zahl anwesen=
den unkatholischen mährischen Herren sahen
kaum diesen Beistand, so folgten sie dem
Beispiele der Böhmen, ernannten aus ih=
rem Mittel den Ladislaw Welen von Zie=
rotin zum Landeshauptmann, beredeten und
zwangen das gemeine Volk, ihrem Ent=
schlusse beizustehen, bemächtigten sich der Stadt
und des Spielbergs, und verbanden sich
auf offenem Markte durch Eidschwüre gegen
ihren rechtmäßigen König und Erbherrn.

Da sie auch besorgten, Albrecht von
Waldstein und Georg von Nachod, die
beiden ersten Obristen des mährischen Vol=
kes dürften mit ihren Leuten die Partei des
Königs halten; so beschickten sie den Karbi=
nal als ihren General zweimal um Erklä=
rung darüber, und verboten sowohl ihm als
Karln von Zierotin, welcher zwar ein Pi=
karbit war, aber seinem Könige nicht ab=
schwören wollte, sich aus der Stadt zu ent=
fernen.

Sie bestellten hierauf eine neue Ver=
sammlung auf den 6ten Mai, worauf sie
sich genau mit den Böhmen vereinigten,
und so wie diese eigene Landesverweser und
Räthe wählten, die Katholischen von den
Landesämtern zu Ollmütz verstießen, und
solche nach ihrem Gefallen besetzten.

Zu Unterstützung aller dieser gewaltsa=
men Handlungen sandte ihnen Georg der
Markgraf von Brandenburg zu Jägern=
dorf einiges Kriegsvolk bis Ollmütz zu Hilfe.

J. Chr.   Im Heumonate beschickten die verbundenen Stände aus Böhmen, Mähren, Schlesien und der Lausitz die von den böhmischen sogenannten Direktoren auf den 23sten ausgeschriebene allgemeine Versammlung zu Prag, wo sie sich noch fester verbanden, gewisse Punkte unterschrieben und beschwuren, und endlich dem Ferdinand ihrem erwählten und gekrönten Könige förmlich absagten, an dessen Statt aber Friedrichen Pfalzgrafen am Rhein zu ihrem Könige und Herrn wählten, den sie sogleich durch Abgeordnete das Reich anzunehmen bitten ließen; obschon einige der Anwesenden Anfangs für den König von Dänemark, andere für den Kurfürsten in Sachsen, noch andere für den Herzog in Savoyen gestimmet, viele aber gar nach dem Beispiele der niederländischen Provinzen und der Schweiz eine republikanische Regierung in diesem Lande einzuführen, den Anschlag gemacht hatten. Bald darauf ward Ferdinand, ungeachtet des Widerspruchs der von den böhmischen Ständen zum Wahltag gesandten Abgeordneten, selbst mit der Stimme des Kurfürsten zu Pfalz seines Gegenkönigs zum Kaiser gewählt und gekrönt.

Ferdinand II. Kaiser.

Indessen stand der General von Dampier mit wenigem Volke wider das vom Friedrich von Teuffenbach geführte ständische Heer, und schlug sich mit selbem an der Taya bei dem Markte Unterwisternitz mit einigem Vortheile. Der Kardinal von Dietrichstein that demselben aus seinen Schlössern Nikolsburg,

May-

Maydenberg auch einigen Schaden; dafür J. Ehr. zohen die verbundenen Stände aber seine, des Albrechts von Waldstein und des Grafen von Nachods Güter ein, und verwiesen diese ihrem Könige getreue Herren des Landes.

Dampier traf noch einigemal mit dem Feinde, und bemächtigte sich des Städtchens Lundenburg. Es kam aber um das Ende des Herbstmonats Berhlem Gabor der Fürst aus Siebenbürgen nach Eroberung der Stadt Preßburg und anderer Oerter in Hungarn mit einem Heere angezogen, mit dem sich auch die Böhmen unter den Grafen von Thurn, von Hohenlohe und von Fels vereinigten; und dieses vereinigte Heer bestand aus 60,000 Köpfen, gegen welche Macht der Graf von Buquoy kaiserlicher Feldherr mit dem Dampier vereinigt kaum 18,000 Mann stellen konnte. Dieser hielt sich also nur vertheidigungsweise, und zog sich gar bis an die Donaubrücke bei Wien zurück, wo es ihm gelang, die ihn angreifenden Feinde mit einer guten Schlappe abzufertigen. Berhlem Gabor kehrte bald darnach auf erhaltene Nachricht, daß Humanay die Seinigen in Hungarn geschlagen habe, dahin zurück, und der von Thurn zog in Böhmen ab.

Der gewählte König Pfalzgraf Friedrich kam am 31sten Weinmonats samt seiner Gemahlin zu Prag an, und ward am 4ten Wintermonats gekrönt; kam auch bald darnach

J. Chr. nach in Mähren, und empfieng die Huldigung der Stände zu Brünn.

1620. Ferdinand, dem die Kur = und andere Fürsten des Reichs Hilfe zugesandt hatten, rüstete sich indessen zum Krieg; ermahnte aber den Pfalzgrafen doch noch vorher erst in der Güte und dann mit Androhung der Acht, Böhmen zu verlassen.

Dieser achtete aber nicht darauf, sondern verband sich mit Bethlem Gabor dem Siebenbürger Fürsten, trat selbst mit der ottomannischen Pforte um Unterstützung in Handlung, und ließ seinen ältern erst 6jährigen Sohn Friedrich Heinrich zum Erben des Reichs erklären.

Im Sommer des Jahrs 1620 rückte Maximilian Herzog in Bayern zum Beistand des Kaisers in das Land ob der Ens ein, und Graf Buquoy bemächtigte sich der abgefallenen Städte in Unterösterreich, wo er die ihnen zu Hilfe gekommenen Böhmen und Mährer auch blutig zurückwies. Da auch um eben diese Zeit Bethlem Gabor, obschon er sich kurz vorher zum König in Hungarn hatte ausrufen lassen, mit dem Kaiser einen Stillstand eingieng, so wandte sich das vereinigte kaiserliche und bayerische Heer in Böhmen, und kam, meistens neben dem auch immer fortrückenden Heere der Stände heranziehend, am 7ten Wintermonats vor Prag an. Hier kam es Tags darauf den 8ten zu dem weltbekannten Treffen auf dem weißen Berge, worin die Kaiserlichen den vollkommensten Sieg erfochten. Der besieg-
Pfalz-

Pfalzgraf Friedrich entfloh am folgenden J. Chr. Tage samt seiner Gemahlin und Kindern nach Glatz, und von dannen nach Breßlau.

Der siegende Herzog Maximilian bezog die Stadt Prag bald nach erhaltenem Siege, und die böhmischen Stände unterwarfen sich dem Kaiser, welcher darauf Fürst Karln von Lichtenstein zum Statthalter in Böhmen ernannte.

In Mähren bemühte sich zwar der Graf von Thurn die Reste des geschlagenen und flüchtigen Heeres zusammen zu bringen; aber der Graf von Buquoy und Rudolph von Teuffenbach rückten ihm mit dem kaiserlichen Volke nach, nahmen verschiedene Städte ein, und vereitelten seine Absicht. Bei so bewandten Umständen fertigten auch die mährischen Stände schon am 18ten Christmonats einige Abgeordnete, nachdem sie vorher für selbe sicheres Geleit erbeten hatten, nach Wien ab, und ließen dem Kaiser im Namen des ganzen Landes Gehorsam, Unterwürfigkeit und Treue angeloben. Die von den Mährern besetzt gewesenen Oerter in Oesterreich wurden verlassen, und dem Beispiele der Böhmen und Mährer folgte auch das Land Schlesien.

So wie in Böhmen der Fürst Karl von Lichtenstein als Statthalter des Kaisers wider die Aufgestandenen nach strengem Rechte zu verfahren bestellt war, und wider die der Rebellion schuldig Befundenen nach vorher verführtem Prozesse mit der verdienten Bestrafung verfuhr; so ward auch in Mähren mit

J. Chr. mit gleicher Gewalt und Ansehen der Bischof zu Ollmütz Kardinal Fürst von Dietrichstein eingesetzet, dem zu dieser Untersuchung zugleich die drei obersten Landesoffiziere zugetheilt wurden.

Diese Kommission nahm die Untersuchung wider die des Auffstandes Schuldige zwar sogleich vor; aber sie dauerte so lange, daß das Urtheil darüber erst am 7ten Wintermonats des Jahrs 1622 gefällt, und in Brünn öffentlich ausgerufen wurde.

Nach diesem Urtheile wurden die Herren
Berthold Bohubud von der Lippa, auf Kromau, Obristerbmarschall in Böhmen,
Christoph von Ažiczan, auf Roßecz und Beranau,
Zbenko von Waldstein, auf Pirnitz, Sadek und Budwitz,
Hans Czegka von Olbramowitz, auf Neuseerowitz und Bistrzitz,
Wenzl Rechemberg von Zieletitz, auf Ratiborzitz und Jarmeritz,
Wolf Keretschin von Arad,
Heinrich Wodiczka von Gemnik
zum Tode durchs Schwert und zum Verluste alles ihres Vermögens verurtheilet; doch wurde die Todesstrafe nachher in eine lebenslange Gefangenschaft oder Verweisung verwandelt.

Die Herren
Rudolph von Schleimitz, auf Neumesericzko,
Karl von Kaunitz, auf Stanitz,

Frie-

aus dem Hause Oesterreich. 183

Friedrich von Kaunitz, auf Lomnitz, J. Chr.
Wenzl Mohl von Modrželitz, auf Weiskirchen,
Hans Ludwig Krokwitzer von Neudorf, auf Pißling und Slabaten,
Georg Zahradetzky von Zahradek, auf Srotowitz,
Christoph Bletta von Autiechowitz,
Hans Raphael Chraustensky von Malowar, auf Mišliboržitz und Deutsch-Rudoletz,
Stephan Kußy von Mukodiel, auf Kraßonitz,
Paul Moschnowsky von Morawczin,
Ernst von Stockharner, auf Bauschitz,
Peter Moschnowsky von Morawczin,
Wilhelm Dubsky von Trzebomišlitz, auf Datschitz, Ržeczkowitz, Neustadtl und Ingrowitz,
Hans Dubsky von Trzebomišlitz,
Siegmund von Riczka, auf Keltschitz,
Bernard Sstrbensky von Hržisstie, auf Držinow,
Hans Prakschitzky von Zastržiss, auf Kralowetz und Lidmirow,
Wilhelm Pržepiczky von Richemburg, auf Ottnitz,

und nachfolgende des Bürgerstandes:

Andreas Seidel,
Hans Adam von Olmütz,
Veit Oesterreicher,
Hans Dorn von Brünn,
Friedrich Mutzig,
Friedrich Meinrad von Znaym,

M 4 Mar=

J. Chr. Martin Leopold,
Hans Sankow,   } von Iglau
Hans Landskronsky
wurden auch zum Tode und Verluste ihres Vermögens verurtheilet, die Lebensstrafe aber nach der Zeit in eine etlichjährige Gefangenschaft verwandelt.

Nachfolgende waren flüchtig geworden, und da sie auf die Vorladung vor Gericht nicht erschienen sind, wurden sie ihres Lebens und Vermögens verlustigt erkläret, nämlich:

Ladislaw Welen von Zierotin zu Lundenburg, auf Lundenburg, Trübau, Hohenstadt und Eisenberg, war von den Ständen angesezter Landeshauptmann,

Wilhelm von Ruppa, auf Gaiwitz,

Hans Christoph Berger von Berg, auf Wohanschitz,

Wenzl Bitowsky von Slawikowitz, auf Bistrzitz unterm Hostein, welcher erst im Jahre 1633 in einem mit den Schweden in Schlesien vorgefallenen Treffen den Kaiserlichen in die Hände fiel, darauf nach Brünn gebracht, und allda enthauptet worden ist,

Heinrich Mitrowsky von Nemisl, auf Mitrow,

Christoph Karl Sedlnitzky von Choltitz, auf Meidelberg,

Hans von Würben und Freudenthal,

Benesch Prazma von Bielkow, auf Leschna und Schlatten,

Hans

aus dem Hause Oesterreich.

Hans Adam Prustinowsky von Wiczkow, J. Chr.]
  auf Czeykowitz und Polehraditz,
Hans Bernard von Kunowitz, auf Ostrau,
  Kunowitz, Lauka und Sluk',
Hans Odkolek von Augezd, auf Blauda,
  Schildberg und Hermesdorf,
Georg Ehrenreich von Rogendorf, auf
  Kanitz,
Hans Sstrbensky von Hrzisstie, auf Drze-
  wohostitz und Fulnek,
Georg Wolf Krzineczky von Konow, auf
  Przisek,
Hartmann und
Andres Brüder von Puchheim,

und aus dem Bürgerstande:

Hans Schellendorf,
Georg Ebenberg.

Nach schon gefälltem Urtheile sind ganz
begnädiget worden die Herren:
Veit Heinrich Graf von Thurn, auf Wo-
  stitz,
Ladislaw von Schlemitz, auf Höfting,
N. Brzezniczky von Nachod,
N. Zahradeczky von Zahradek,
Siegmund von Teuffenbach, auf Dürn-
  holz;

und die Bürger:

N. Meisbach,
N. Forst.

J. Chr. Vor gefälltem Urtheile waren gestorben, deren ganzes Vermögen eingezogen wurde, die Herren
 Bernard Prakschizky von Zastrzizl, auf Haniowitz, starb im Gefängnisse auf dem Spielberge,
 Georg von Würben und Freudenthal, auf Leipnik und Kwaßitz,
 Wolf Siegmund Jankowsky von Wlaßim, auf Butsch und Latein,
 Hans Peterswaldsky von Peterswald, auf Goldenstein und Ratschitz,
 Peter Sedlnitzky der ältere von Choltitz, Obrister des ständischen Kriegsvolks,
 Wilhelm Munka von Ewanczitz, auf Morawetz, Krzizanow und Neu-Orzechau,
 Paul Wolbram von Tekrz,
 Friedrich von Kaltenhof und Malegow, auf Krzetin,
 Hans Blekta von Autkichowitz, war enthauptet worden,
 Viktorin Ziernowsky,
 Christoph Ullersdorf von Niemtsch, auf Zieranowitz und Prźilep,

und aus dem Bürgerstande:

Wenzl Burzeley,
Elias Netoliczky,
Wilhelm Loschmacher,
Tobias Raymund.

Endlich verloren nur ihr Vermögen ganz oder zum Theil ohne Strafe:
Andreas Seidel; zween Drittheile.

Zween

Zween Brüder Czertoregsky von Czerto- J. Thr.
reg, auf Frischau und Grusbach; die
Hälfte.
Hans Balthasar von Zetrzitz, auf Kunwald.
Wolf Dietrich von Althan, auf Joslowitz,
Frain, Neuhäusl und Oslawan, dessen
Antheil an diesen Gütern seinen Brüdern
geschenkt wurde.
Veit Sarter, auf Puglitz; ein Drittheil.
Wolf Koniass von Widrzi; auf Kieschwi-
dern; vier Fünftheile.
Karl Grün von Stürzenberg, auf Wiese
und Slawietitz.
Wilhelm Kusty von Mukodiel, auf Boch-
titz; ein Drittheil.
Hans Morzeczky, auf Welking; die Hälfte.
Hans Radkowetz von Mirowitz, auf Palu-
pin; die Hälfte.
Ctibor Wrchotitzky; die Hälfte.
Wenzl Haslauer von Haslau; ein Drittheil.
Joachim Wrahinie von Rebtow, auf
Stranky.
Hans Georg Czizowsky von Czizow, wur-
de später ganz begnadiget.
Hans Kopka, besaß zwei unbekannte Dör-
fer; die Hälfte.
Joachim Lipowsky, auf Retschitz; die
Hälfte.
Ulrich Koniass von Widrzi, auf Borow-
na; zween Drittheile.
Wenzl Koniass von Widrzi, auf Kunitz
und Böhmisch-Woleschna; drei Vier-
theile.

Ignaz

2. Chr. Ignaz Grün von Stürzenberg, auf Meferičko; ein Viertheil.
Alesch Stranecžky von Stranek, auf Ihorž-Piwczowa; drei Viertheile.
Georg Moriz; ein Viertheil.
Johann Adam Wolbram von Tekrž; die Hälfte.
Zdenko von Kuppa, auf Martinkau, und Burggraf zu Znaym; verlor die Burg zu Znaym mit ihren Zugehörungen.
Hektor Drenkl; ein Viertel.
Anton de Monte; die Hälfte.
Niklas Graf von Thurn; wurde ganz begnädiget.
Konrad Setzer von Aurach; ein Viertheil.
Georg Pogarell von Koczeborzitz, zween Drittheile.
Wenzl Ullersdorfer von Niemtsch; die Hälfte.
Georg Dubsky von Trzebomislitz, auf Witschap; ein Viertheil.
Wenzl Heigel von Schönberg, auf klein Lowtschitz; die Hälfte.
Siegmund Max von Maxen; ein Drittheil.
Heinrich Max von Maxen; die Hälfte.
Niklas Czechoczowsky von Czechoczow, auf dem Hofe zu Kobily; verlor alles
Bohuslaw Kotza von Hradisch; zween Drittheile.
Franz von Sereni, auf Neufwietlau; ein Viertheil.
Karl Sak von Bohuniowitz; wurde ganz begnädigt.

Hans Ditrich Gotsky von Ptin, besaß ein J. Chr.
Gut von 4000 fl. mähr. im Werthe;
die Hälfte.
Jaroslaw Wlachowsky von Wlachowitz;
ein Drittheil.
Hans Oseczky, auf Czehoczowitz; ein
Drittheil.
Benedikt Balaschi; wurde begnädigt.
Friedrich und
Karl Brüder Woysky von Bochdanczowitz,
auf Wesely, Pinkow und Koletschin;
verloren das Gut Wesely.
Wenzl Bartodegsky von Bartodeg, auf
Luhatschowitz; verlor alles.
Bohuslaw und
Wenzl Bitowsky von Slawikowitz.
Jakob Nadielkowsky; wurde ganz begnä=
diget.
Adam Georg Zastrzizl; zween Drittheile.
Felix Wilhelm von Ziernowsky; ein Vier=
theil.
Karl von Zieranowsky; ein Drittheil.
Jaroslaw Drchanowsky von Pienczin, auf
Biskupitz; die Hälfte.
Bernard Morkowsky von Zastrzizl; verlor
alles.
Heinrich Martinkowsky von Roßecz; ver=
lor alles.
Niklas von Hradek; ein Fünftheil.
Wenzl Gorsky; ein Viertheil.
Hans Syrakowsky von Pirkow; die Hälfte.
Heinrich Munka von Kwanczitz; ein Drit=
theil.

J. Chr. Hans Dietrich Peterswaldsky von Peterswald; ein Fünftheil.
Bernard Pratschitzky von Jastrzizl; ein Drittheil.
Siegmund Krokwitzer von Neudorf; ein Viertheil.
Niklas Korzensky von Tereschau; verlor alles.
Heinrich Korzensky von Tereschau, auf Kwalkowitz; die Hälfte.
Ulrich Hodiegowsky von Hodiegow, auf Morkowitz; ein Sechstheil.
Christoph Schwabensky von Schwabenitz, hatte ein schlechtes Gütel; drei Viertheile.
Heinrich Jachowetz; ein Drittheil.
Bohuslaw Kokorsky von Kokor; wurde begnädiget.
Hans Tista von Liebstein; ein Viertheil.
Gabriel Ruczowsky; die Hälfte.
Siegmund Georg von Jastrzizl, drei Viertheile.
Georg Flott, auf Dobromielitz; die Hälfte.
Wilhelm Friedrich von Zierotin, auf Alttischein, Hustopetsch und Morzitz; vier Fünftheile.
Hans Schmerowsky von Rositz, drei Viertheile.
Dietrich Gedeon, hatte die Hälfte eines kleinen Guts; drei Viertheile.
Adam Starowesky, hatte ein geringes Gut; die Hälfte.
Heinrich Hans Polzar von Sparaczow, auf Bitisko; die Hälfte.
Wilhelm von Rhynest; zween Drittheile.

Bak

Balthasar Drzewunt, hatte ein kleines Gut; J. Chr. die Hälfte.

Florian Diedizky; zween Drittheile.

Hans Georg Przepiczky von Aichenburg, hatte ein kleines Gut; die Hälfte.

Getrzich Drahanowsky von Pientschin, auf Wranowa; zween Drittheile.

Felix Rzikowsky von Dobrzitz, auf Przestawlk und Rzikowitz; ein Drittheil.

Przemislaw von Zierotin, auf Wiesenberg; drei Viertheile.

Hans Dietrich von Zierotin, auf Ullersdorf; drei Viertheile.

Hans Christoph Piwcze von Hradschan, auf Lohiczka, im Werthe auf 36,000 fl. rheinl. geschätzt; die Hälfte.

Karl Zdenko Ziampach von Pottenstein; die Hälfte.

Adam Felix Ziampach von Pottenstein; verlor alles.

David von Tamfeld; ein Drittheil.

Heinrich Lichnowsky von Wosstkitz, war ohne Vermögen; verlor doch alles.

Georg Malaschka von Neudechen, auf Sokolin, pr. 16,000 Thlr. mähr. im Werthe; die Hälfte.

Wilhelm von Zieranowsky; verlor alles.

Hans Albrecht von Zieranowsky; ein Drittheil.

Bernard Brabansky von Chobrzan; ein Drittheil.

Diwiss Oness von Brzezowitz; ein Viertheil.

Jakob Hroch Jaluwka von Malowitz; zween Drittheile.

Joa-

J. Chr. Joachim Oneß von Brzeßowitz, auf Sugdol; verlor alles.
Jakob Prätorius; ein Fünftheil.
Adam von Schlemit, auf Neuschloß; verlor alles.
Stanislaw Chorinsky von Ledske; ein Viertheil.
Joachim Blekta von Autkichowitz, auf Fragisto; drei Viertheile.
Ignaz Scharowetz von Scharowa, auf Ptin; drei Viertheile.
Siegmund Martinowsky von Roßecz; ein Viertheil.
Hans der ältere Obkolek von Augezd; ein Drittheil.
Karl David Kobilka von Kobily; die Hälfte.
Hans Ottik von Penczitz; ein Viertheil.
Heinrich Wenzl Przepiczky von Aichenburg, auf Wesky; zween Drittheile.
Thomas Wenzl Podstatzky von Prußinowitz, auf Czekin; die Hälfte.
Johan Bohuslaw Janauer von Strachow, auf Kogatek und Kalwira; die Hälfte.
Hans Georg Kandelberg; verlor alles.
Hans Wilhelm Gedeon; ein Drittheil.
Peter Morzinowsky von Mezibessitz; die Hälfte.
Thomas Sobiehrad von Kozlow, auf Ostrow; zween Drittheile.
Valentin Pawlowsky von Pawlowitz, auf Augezd; die Hälfte.
Heinrich Latisch von Lhota; ein Drittheil.

Hans

aus dem Hause Oesterreich.

Hans Felix Podstatzky von Prußinowitz, I. Ehe. besaß allerlei Güter im Werthe von 90,000 Thal. mähr. drei Viertheile.
Dietrich von Hodiegow; die Hälfte.
Ladislaw Lhotsky von Ptin; ein Viertheil.
Leonard Lapaczek, ein Fünftheil.
Ulrich Michta von Radostin; ein Viertheil.
Georg Bernard Pogarell von Koczeborzitz; verlor alles.
Georg Trach; ein Drittheil.
Wenzl Rosteczky; die Hälfte.
Hans Rosteczky; ein Fünftheil.
Wenzl Zlach von Hrziwitz; zween Drittheile.
Wenzl Goliczowsky von Saupolan; ein Viertheil.
Christoph Wozakowsky; ein Drittheil.
Christoph von Lichtenstein; ein Viertheil.
Adam Sponer von Blinsdorf; ein Viertheil.
Adam Schamberg; die Hälfte.
Wratislaw Bernard Drahanowsky von Stwolowa; wurde ganz begnädigt.
Bernard Bukuwka von Bukwitz, hatte an Gütern über 100,000 Thlr. mähr. im Werthe; wurde ganz begnädigt.
Hans Reiter von Hornberg; ein Viertheil.
Wilhelm Zahradeczky von Zahradek; ein Fünftheil.
Hans Ferdinand Schwabensky von Schwabenitz, auf Konitz; ein Viertheil.
Georg Adam Falkenhan von Gloschkow; zween Drittheile.
Mathias Thimi, Doktor; die Hälfte.
Christoph von Kubrik, auf Nemile; ein Fünftheil.

J. Chr. Thaddäus Kloweczky; ein Viertheil.
Wenzl Wlachowsky von Wlachowitz; ein Fünftheil.
Hans Heinrich Wlachowsky von Wlachowitz; ein Fünftheil.
Hans Donat Mosner; die Hälfte.
Wenzl Kobilka von Kobily; die Hälfte.
Hans Burian Kobilka von Kobily, auf Großpoydel; die Hälfte.
Christoph Litwitz; ein Drittheil.
Raphael Zaborsky von Brloh; ein Viertheil.
Franz Casapi; drei Viertheile.
Adam Ledenitsky von Ledenitz; wurde begnädigt.
Hans Zialkowsky von Zialkowitz; ein Viertheil.
Zdenko Zialkowsky von Zialkowitz; die Hälfte.
Heinrich und
Friedrich Matusska von Topelau, Brüder; wurden begnädiget.
Hans Piwcze; zween Drittheile.
Hans Albrecht Dunkl von Brniczko; wurde begnädigt.
Karl Zieranowsky; ein Drittheil.
Prokop Plachy von Wodinhrad; ein Drittheil.
Wilhelm Wrchoticzky; ein Drittheil.
Friedrich von Litwitz; ein Drittheil.
Friedrich Gilting; ein Drittheil.
Alexander Syrakowsky von Pierkow; die Hälfte.
Hans Albrecht Slawata von Chlum und Roschumberg; die Hälfte.

Georg

Georg Pindele; die Hälfte.
Wilhelm Ulersdorfer von Niemtsch; verlor alles.
Adam Martinkowsky von Rostecz, auf Strzilek und Jastrzizl; ein Drittheil.
Heinrich Blekta von Autrichowitz; ein Drittheil.
Hans Ullersdorfer von Niemtsch; die Hälfte.
Heinrich der ältere Przepiczky von Richenburg; ein Drittheil.
Peter Robschitz; verlor alles.
Wenzl Polkowsky; drei Viertheile.
Christoph Sinarzsky von Krzizow; ein Viertheil.
Christoph Larisch von Lhota; verlor alles.
Dietrich Schubischowsky; drei Viertheile.
Heinrich Ratschitz; verlor alles.
Wenzl Wlachowsky von Wlachowitz; ein Viertheil.
Bernard von Zieranowsky; verlor alles.
Karl Dobschitz; verlor alles.
Wilhelm Borowsky; ein Viertheil.
Bernard Koza von Hradisch; drei Viertheile.
Dietrich Herold von Aupe; ein Viertheil.
Ctibor Korzensky von Tereschau; verlor alles.
Karl Schubirz von Chodinie; ein Drittheil.
Hans Sukowsky; verlor alles.
Christoph Peldrzim; die Hälfte.
Georg Kozlik; ein Drittheil.
Sinek von Jobitz und Wolframitz, auf Mießlitz; drei Viertheile.

J. Chr. Dietrich der jüngere von Zirrotin; ein Viertheil.
Siegmund und
Peter von Zastrzizl; ein Viertheil.
Gustav Sighard; die Hälfte.
Dietrich der ältere von Zierotin.
Hans Jakob Graf von Thurn, auf Groß Niemtschitz; war Anfangs begnädigt, da er aber entwich, wurde dieses Gut eingezogen.
Kaspar Hetzer von Aurach; zween Drittheile.

Nebst dieser Bestrafung einzelner Schuldigen wurde das ganze Land seiner alt erworbenen Freiheiten verlustig erkläret, demselben nur ein Theil derselben neu zugestanden, und vom Kaiser im Jahre 1628 eine erneuerte Landesordnung herausgegeben.

Während allem dem trat Bethlem Gabor im Jahre 1621 nochmals mit einem starken Heere in Hungarn auf. Der Graf von Buquoy stellte sich ihm zwar mit dem kaiserlichen Volke entgegen, und bemächtigte sich der Städte Preßburg, Tyrnau und anderer mehr, unternahm auch die Belagerung von Neusohl, hatte aber hier das Unglück, mit wenigen der Seinigen einem Hinterhalte der Feinde in die Hände zu gerathen, unter deren Streichen er todt blieb; worauf Bethlem, unterstützt von dem Grafen von Thurn und dem Markgrafen von Brandenburg zu Jägerndorf, die Kaiserlichen

lichen von Neusohl abtrieb, ihnen Tyrnau J. Chr.
entriß, und in Mähren einfiel. Hier drang
ihn aber Albrecht von Waldstein mit an=
dern Obristen bald hinaus, und in Kurzem
zwangen sie ihn, daß er sich zum Frieden
bequemen mußte, welcher im Jäner des
Jahrs 1622 zu Stande kam. 1622.

Der Krieg war mit Stillung des einhei=
mischen Aufruhrs noch lange nicht zu Ende,
sondern zog sich indessen in verschiedene Ge=
genden Deutschlands, wo ihn die kaiserli=
chen und bayerischen Völker gegen den Gra=
fen von Mannsfeld, den Markgrafen zu
Durlach, und den Herzog Christian zu
Braunschweig, deren jeder einiges Volk zu
Unterstützung des Pfalzgrafen Friedrich im
Felde hatte, mit verschiedenem, doch meist
günstigem Glücke fortführten.

Im folgenden Jahre trat Bethlem Ga= 1623.
bor, von dem Grafen von Thurn aufge=
hetzt, und von der ottomannischen Pforte
unterstützet, nochmal feindlich auf; schlug
den kaiserlichen Feldherrn Rudolph von
Teuffenbach bei Tyrnau, drang bis in Mäh=
ren ein, brachte das ihm bei Skalitz ent=
gegen gestellte kaiserliche Heer unter den Ge=
neralen Karaffa und Waldstein zum Wei=
chen, und schloß es bei Göding dergestalt
ein, daß solchem keine Hilfe zukommen konn=
te, und es sich schon ergeben sollte; als die=
ser fürchterliche Feind gählings in Hungarn
zurückgieng, und dem Kaiser selbst den Frie=
den antrug, den dieser bald darauf eingieng.
Ein Theil von diesem hungarischen Heere
hatte

J. Chr. hatte indeſſen eine große Strecke des Landes bis an Brünn durchſtreifet, daſſelbe meiſtens verwüſtet, und viele Menſchen mit ſich in die Knechtſchaft davon geführet.

In dieſem und dem folgenden 1624ſten Jahre verließen viele Unkatholiſche vom Adel und andere Landesinſaßen ihre Güter und Beſitzungen im Lande, und zogen davon.

1625. Der Graf von Mannsfeld, vom Könige in Dänemark, welcher im Jahre 1625 mit dem Kaiſer in Krieg gerieth, dazu aufgemuntert, hatte nochmals ein Heer zuſam-
1626. mengebracht, und kam im Jahre 1626 am 4ten April mit dem Uiberreſte ſeines vom Albrechten von Waldſtein in Niederſachſen geſchlagenen Haufens in Schleſien, nahm daſelbſt verſchiedene Städte ein, und erreichte auch einen Theil Mährens, worin er großen Schaden that. Doch kam ihm Albrecht von Waldſtein bald auf den Hals, und zwang ihn, dem mehrmal in Hungarn aufgeſtandenen Bethlem Gabor zuzuziehen, wo er noch in dieſem Jahre ſtarb.

Mähren hatte hierauf einige Jahre lang in ſeinem Innern und von auswärtigen Feinden Ruhe, indeſſen das Kriegsfeuer in andern Ländern, beſonders im deutſchen Reiche, noch immer fortwüthete. Noch im Jahre 1626 entſtand in Oberöſterreich der berufene Bauernaufſtand, welcher mit großer Mühe, und erſt nach vielen dieſem Bauernvolke beigebrachten Niederlagen gedämpft werden konnte.

Im

Im Jahre 1627 war Waldstein, nun- J. Chr. mehriger Herzog von Friedland, mit dem 1627. Grafen von Tilli in Niedersachsen, und bis in Jütland, das Herz von Dänemark, eingebrochen.

Im Jahre 1628 bemächtigte sich Wald- 1628. stein der Länder Holstein und Meklenburg; in Böhmen aber entstand um die Gegend von Opoczna ein fürchterlicher Aufruhr der Bauern wider die katholische Geistlichkeit, und in Italien ein neuer Krieg für den Kai- ser in dem Mantuanischen, der zween Jahre lang fortbauerte.

Im Jahre 1629 unternahm Waldstein 1629. die Belagerung der Stadt Magdeburg, und der Kaiser befahl, daß alle von Unkatholi- schen, zuwider dem Passauer Vertrage vom Jahre 1552, eingezogene Erz= und Bis- thümer, dann andere geistliche Güter zurück- gestellt werden sollen, (*) welches die pro- testantischen deutschen Fürsten, insonderheit Sachsen, Brandenburg und Würtenberg, die deren viele an sich gebracht hatten, in große Bewegung setzte.

Im Jahre 1630, zu dessen Anfang der 1630. Herzog von Friedland der Feldherrnstelle über das kaiserliche Heer entlassen, und der Graf von Tilli darüber gesetzt ward, nahm

---

(*) Unter diesen waren die wichtigsten: die Erzbis- thümer Magdeburg und Bremen, dann die Bis- thümer Minden, Halberstadt, Werden, Lübek, Razeburg, Meißen, Merseburg, Naumburg, Brandenburg, Havelberg, Lebus und Camin.

J. Chr. Gustav Adolph, König in Schweden, an dem deutschen Kriege Theil. Er landete mit einem Heere in Pommern, und bemächtigte sich in Kurzem desselben und des Landes
1631. Meklenburg. Im Jahre 1631 verband er sich zu Leipzig mit verschiedenen deutschen protestantischen Fürsten genauer, schloß auch ein Bündniß mit Frankreich wider den Kaiser, währendem Tilli die Stadt Magdeburg mit Sturme einnahm und verheerte. Noch in diesem Jahre vereinigten sich die Kurfürsten von Sachsen und Brandenburg mit Gustav Adolph, welcher darauf das kaiserliche Heer unterm Tilli am 7ten Herbstmonats bei Leipzig schlug, nach diesem Siege mit seinen Schweden in Franken einfiel, und sich nach und nach der meisten Städte am Mayn bemächtigte; währendem der Kurfürst von Sachsen mit seinem Volke in Böhmen einrückte, darin viele Oerter, selbst die Stadt Prag einnahm, und seine Parteien gar bis in Mähren in die Gegend von Iglau und Trebitsch aussandte, wo sie überall nicht geringen Schaden anrichteten.

Diese unglückliche Wendung des Kriegs bewog den Kaiser, dem von Friedland die Befehlshaberstelle über das Heer nochmals zu übergeben. Er nahm sie auch an, und brachte (*) in Kurzem ein Heer von 30,000 Mann

---

(*) Albrecht von Waldstein, der diesen Winter in Znaym zubrachte, nahm die ihm wieder aufgetragene Befehlshaberstelle des Heers nur auf folgende Bedingnisse an: 1) daß er den Krieg nach sei-

Mann auf die Beine, mit welchem er gleich im Frühjahre des Jahrs 1632 in Böhmen vorrückte, und den Sachsen Prag und die meisten übrigen Städte abzwang. Er wandte sich darauf gegen den durch Bayern herankommenden Gustav Adolph in Franken, und ließ sich mit ihm bei Nürnberg in ein Treffen ein, in welchem die Schweden viel Volks verloren. Doch gieng Waldstein zuerst in Sachsen und Meißen zurück, wohin ihm Gustav eine Zeit hernach folgte. Hier geriethen beide Heere am 16ten Wintermonats in der Nähe von Leipzig bei Lützen heftig aneinander; König Gustav blieb gleich im Anfange des Treffens todt, und die Kaiserlichen verloren nebst dem tapfern Grafen von Pappenheim auch das Feld.

J. Chr. 1632.

Im Jahre 1633 standen die Schweden mit ihrem in drei Haufen getheilten Heeren in verschiedenen Gegenden Deutschlandes zu Felde. Der Herzog von Waldstein bemächtigte sich Schlesiens, durchzog darauf Pommern und Meklenburg, kam aber am Ende wieder durch die Mark und Sachsen in Böhmen zurück. Es schien, als ob er in dem Feldzuge dieses Jahrs den Feinden weniger

1633.

---

seinem Gefallen führen, und schlagen könne, wenn und wie es ihm gut dünke; 2) daß er die Winterquartiere nehmen könne, wo es ihm belieben wird; 3) daß er Frieden schließen dürfe, mit wem, wann, und wie er will; und 4) daß er Niemanden von seinen Handlungen Rechenschaft zu geben habe.

J. Chr. niger Abbruch gethan hätte, als er wohl im Stande gewesen wäre. Darüber kam er in Verdacht, nicht nur eines Verständnisses mit denselben, sondern sogar, daß er selbst nach der böhmischen Krone trachte; und einige Getreue des Kaisers, die sich seiner anders nicht zu bemächtigen wußten, ermordeten ihn und einige seiner Anhänger am

1634. 26sten Hornung des Jahrs 1634 zu Eger.

Nach dieses großen Feldherrn Tode übernahm der Erzherzog Ferdinand, nachmaliger Kaiser, die Befehlshaberstelle über das Heer, mit welchem er am 6ten Herbstmonats dieses Jahrs bei Nördlingen einen großen Sieg über die Schweden erfochte.

1635. Im folgenden Jahre verglichen sich die Kurfürsten zu Sachsen und Brandenburg mit dem Kaiser; die Schweden aber hatten an der erlittenen Niederlage bei Nördlingen zu heilen.

1636. Im Jahre 1636 hatten diese ihren Verlust wieder ersetzet, und überzogen das mit dem Kaiser verbundene Sachsen mit Kriege.

1637. Ferdinands II. Tod. Bald darauf im Jahre 1637 den 15ten Hornung verstarb Kaiser Ferdinand II. zu Wien im 59sten Jahre seines Alters.

Ferdinand III.

war nur das Jahr vorher zum römischen König gewählt und gekrönt worden. Er übernahm gleich nach dem Tode seines Vaters die Beherrschung seiner Reiche, und begann sie mit ziemlichem Glücke wider die Schwe-

Schweden in Sachsen, Brandenburg und Pommern. Aber seine Feldherren siegten nicht allzeit, und die Feinde bekamen zu verschiedenenmalen die Oberhand: wie dann Johann Banner, der Schweden Heerführer, im Jahre 1639 in Böhmen einbrach, zweimal bis vor Prag kam, und sich mit seinem Volke fast im ganzen Lande ausbreitete, sogar einen Theil Mährens in der Gegend um Iglau erreichte, und mit einem andern schwedischen Heere sich fast ganz Schlesiens bemächtigte.

Im Jahre 1640 trieb zwar der Erzherzog Leopold Wilhelm, welcher das Generalat vom Grafen Mathias von Gallas auf sich genommen hatte, die Schweden aus Böhmen hinaus; und ein anderes kaiserliches Heer, vom General Golze geführt, drang ihnen den größten Theil Schlesiens wieder ab. Aber im folgenden 1641sten Jahre erholten sich die Schweden wieder, und im Jahre 1642 erhielt Mähren vom Leonhard Torstensohn, dem neuen Feldherrn der Schweden, den ersten Besuch. Er kam mit seinem Heere, nachdem er vorher im März das kaiserliche Volk in Schlesien unweit Schweidnitz geschlagen hatte, zu Ende des Mai über Troppau und Hof ins Land, und da sich das wenige kaiserliche Volk ins Gebirg zurückzog, so rückte er vor Olmütz, und bekam es auf Ergebung in seine Gewalt. Dem Beispiele dieser Stadt folgten die Städte Littau und Neustadt. Olmütz versah er mit guter Besatzung, mit dem Heere aber gieng

J. Chr. gieng er in Schlesien zurück. Das Kreisvolk im Lande machte nach seinem Abzuge einen vergeblichen Versuch, Ollmütz wieder einzubekommen.

Der Erzherzog Leopold Wilhelm folgte dem Feinde in Schlesien nach, zwang ihn auch, die angefangene Belagerung von Brieg aufzuheben, und bis Glogau, endlich gar in die Mark zurückzuweichen; aber Glogau, welches er belagerte, konnte er nicht einbekommen. Er eilte von dieser Stadt dem vom Torstensohn bedrängten Leipzig zu Hilfe, wo es am 23sten Weinmonats zu einem scharfen Treffen kam, welches sich im Anfange zwar zum Vortheile der Kaiserlichen anließ, zulezt aber unglücklich ausfiel.

1643. Im April des folgenden Jahrs brach Torstensohn aus Sachsen in Böhmen ein, und kam zu Anfang des Brachmonats über Leutomischl, Zwittau, Tribau und Müglitz in die Gegend von Ollmütz. Von hier wandte er sich nach Kremsier, welches er am 16ten dieses Monats mit Sturme einnahm.

Die Stadt Hradisch widerstand seinen Angriffen, und er sezte sich darauf bei Tobitschau, wo er eine Zeitlang gegenüber dem unter den Befehlen des Grafen von Pallas bei Kogetein stehenden kaiserlichen Heere gelagert blieb. Während welchem Stillstehen der Hauptheere die schwedischen Parteien doch viele Gegenden des Landes durchstreiften.

Um das Ende des Heumonats erhob sich Torstensohn in die Gegend von Prerau;

zu Ende des Erndtemonats aber gieng er
wieder über die March herüber, zog gegen
Wischau und bis Brünn, wo er die Vor=
stadt plünderte.

Der Graf von Pallas zog ihm dahin
nach, und setzte sich, um die Belagerung der
Stadt zu hindern, auf der nahen Anhöhe
gegen Süden in ein sicheres Lager. Der
Feind wich darauf aus der ausgesaugten
Gegend von Brünn wieder gegen Olmütz,
plünderte und zerstörte einige Oerter im
Lande, die er nicht zu behalten gedachte,
nahm noch am 26sten Herbstmonats das
Bergschloß Eulenberg ein, versahe diesen
festen Platz nebst Olmütz und Neustadt mit
guter Besatzung, und wandte sich um den
Anfang des Weinmonats wieder in Schlesien,
und von dort aus noch dieses Jahr in Pom=
mern und Holstein, wo die Sachen der
Schweden damals nicht am besten standen.

Im Jahre 1644 zog das kaiserliche Haupt= 1644.
heer unter dem Grafen von Pallas dem
vom Torstensohn bedrängten Könige von
Dänemark zum Beistand; hatte aber weni=
ges Glück, und kam zu Ende des Jahrs
mit dem sehr zusammengeschmolzenen Heere
in dem übelsten Zustande in Böhmen zurück.
Ein andrer Theil des kaiserlichen Volkes
hatte in Hungarn unter der Anführung der
Generale Götz und Buchheim wider Rago=
zy, den Fürsten in Siebenbürgen, besseres
Glück, und zwang ihn um Frieden zu bit=
ten. Ein drittes unter dem Befehle Ladis=
laws von Waldstein versuchte in Mähren,

Ol=

J. Chr. Olmütz einzunehmen, aber nochmals vergebens. Ein viertes endlich bemühte sich, in Schlesien die kaiserliche Sache herzustellen.

1645. Zu Anfang des Jahrs 1645 stellte sich dem aus dem Voigtländischen abermals in Böhmen eingedrungenen Torstensohn die vereinigte kaiserliche Macht entgegen, und kam mit jenem bei Jankau zusammen, wo es erst am 24sten Hornung zu einem scharfen Gefechte kam, in welchem die Schweden einigen Vortheil hatten, in Kurzem darauf aber am 6ten März das Haupttreffen erfolgte, worin die Kaiserlichen gänzlich unterlagen, die Grafen Götz, Waldeck und Picolomini der jüngere todt auf dem Platze blieben, und die Generale Hatzfeld, Traudisch, Merci und Zahradczky, nebst den Obristen Lanoy, Königseck, Tapp, Bünau und Schifer als Gefangene, mit allem, was im Lager war, den Siegern in die Hände fielen.

Torstensohn rückte nach diesem Siege gerade in Mähren, nahm erst Iglau, und am 14ten desselben Monats Znaym ein. Von dannen aus brachte er mehrere nahe Oerter in seine Gewalt, mit dem Hauptheere aber zog er in Oesterreich, durchstreifte das Land bis an die Donau, und lagerte sich endlich vor der Wiener Brücke. Aber auch mit der Hilfe, die er vom Ragotzy erhielt, vermochte er wider die Stadt nichts; kehrte also bald in Mähren zurück, und unternahm am 20sten April die Belagerung der Stadt Brünn.

Hier

Hier schlug die muthige Besatzung un- J. Chr.
ter dem Befehle des damaligen Obristen von
Souches und die Bürgerschaft die vielen
durch 16 Wochen unausgesetzt gewagten An-
griffe und Stürme der Feinde so glücklich
und tapfer ab, daß Torstensohn endlich die
Belagerung aufhob, über Trebitsch, Meße-
ritsch und Policzka in Böhmen abzog, von
wannen er Königsmarken noch zu Verstärkung der Ollmützer Besatzung zurückschickte,
mit dem Heere aber sich in Schlesien wandte, und von allen eroberten Oertern in Oesterreich nur Korneuburg und Krems, die
er mit einigen neuen Werken befestigte, dann
die Schlösser Falkenstein, Staz und Ra-
bensburg; in Mähren aber Nikolsburg,
das Schloß Meydenberg, Lundenburg und
Iglau, nebst Ollmütz, Neustadt und dem
Schlosse Eulenberg mit Besatzung belegt,
in seiner Gewalt behielt. (*)

Im Jahre 1646 führte der Erzherzog 1646.
Leopold Wilhelm wieder das kaiserliche
Heer an, und die Schweden hausten in Hessen, Franken, Schwaben, Bayern, und
andern Ländern Deutschlands. Indessen nahm
der Graf von Buchheim den Feinden die
besetzten Plätze in Oesterreich, der General
von Souches aber in Mähren Lundenburg,
May-

(*) Mit Endigung dieses Feldzugs legte Torstensohn die oberste Befehlshaberstelle über das schwedische Heer Krankheits wegen nieder, und Gustav Wrangel übernahm sie.

J. Chr. Maydenberg und Nikolsburg mit Gewalt ab, und machte einen neuen vergeblichen Versuch auf Jglau. Im Herbstmonate kam Wittenberg, ein schwedischer General, wieder mit einigem Volke in Böhmen, und nachdem er die Kaiserlichen unter dem Generale Montecuculi geschlagen hatte, in Mähren, wo er die Besatzung von Ollmütz verstärkte, und wieder in Schlesien abzog.

1647. Im Jahre 1647 standen die Heere, das kaiserliche unter dem Befehle eines neuen Generals des Grafen von Holzapfel, das schwedische aber unter Wrangeln, in Böhmen aneinander, wo die Letztern am 7ten Heumonats Eger nach einer scharfen Belagerung einnahmen, und darauf einigemal mit den Kaiserlichen zusammen trafen, ohne daß ein Theil über den andern wesentliche Vortheile erhielt. Da aber der Kurfürst von Bayern, welcher zu Anfang dieses Jahrs mit den Schweden einen besondern Frieden getroffen hatte, mit diesen Feinden von neuem brach, und dem kaiserlichen Heere mit seinem Volke zuzog, gieng Wrangel aus Böhmen durch Voigtland in Thüringen und Hessen, und Holzapfel folgte ihm dahin nach. In Mähren wurde abermals ein vergeblicher Versuch auf Ollmütz gemacht. Die Stadt Jglau aber bekamen die Generale Buchheim und Souches nach einer harten Belagerung, die vom 2ten Herbstmonats bis zum 27sten Wintermonats dauerte, in ihre Gewalt.

Endlich nahm der verderbliche, vom Anfange der Unruhe in Böhmen durch ganze dreis=

dreißig Jahre dauernde, so vielen Ländern J. Chr.
verderbliche Krieg im Jahre 1648 durch den
am 24sten Weinmonats zu Osnabrüg mit
Schweden, und zu Münster mit Frank=
reich getroffenen Frieden ein Ende, nachdem
vorher noch in diesem Jahre die Kaiserli=
chen ein Treffen verloren, worin der Ge=
neral Holzapfel auf dem Platze blieb, Bayern
von den Feinden sehr hart mitgenommen
worden war, und ein abgesondertes Heer
der Schweden unter Königsmarken sich des
Pragerschlosses und der kleinen Seite durch
Verrath bemächtiget hatte; worauf der mit
frischen Haufen nachgekommene Pfalzgraf
Karl Gustav die Belagerung der übrigen
Städte so lange fortsetzte, bis sie die Nach=
richt von dem Schlusse des Friedens unter=
brach. Aber obschon der Friede in diesem
Jahre ordentlich geschlossen wurde, so ver=
zog es sich doch mit der völligen Ausglei=
chung bis in das Jahr 1650, da sie zu 1650.
Nürnberg zu Stande kam, und bis dahin
blieb auch Ollmütz noch mit schwedischer
Besatzung belegt.

Die endlich einmal erfolgte Ruhe kam
dem hart mitgenommenen Lande sehr wohl
zu Statten, und es genoß sie durch meh=
rere Jahre zu seiner Erholung.

In der Zwischenzeit wurde der erstge=
borne Sohn des Kaisers unter dem Namen
Ferdinand IV. im Jahre 1653 zu Augs= Ferdi
burg zum römischen König gewählt, und nand IV.
am 17ten Brachmonats zu Regensburg ge= König.
krönt; starb aber im folgenden Jahre am 1653.
O 9ten deß.Tod.

J. Chr. 9ten Heumonats im 20ſten Jahre ſeines
Alters. Kaiſer Ferdinand ließ hierauf ſei=
nen zweitgebornen Sohn Leopold im Jahre
1655. 1655 am 16ten Brachmonats zum König
Leopold, in Hungarn wählen, und am 27ſten deſſel=
König in ben Monats allbort, am 14ten Herbſtmo=
Hungarn nats im Jahre 1656 aber in Böhmen krö=
und Böh- nen, und ſtarb, ehe er auch noch die rö=
men. miſche Krone auf deſſen Haupte ſah, am
Ferdi-
nands III. 2ten April des Jahrs 1657 im 49ſten Jah=
Tod. re ſeines Alters.

Leopold I.

der neue König in Hungarn und Böhmen,
und Markgraf in Mähren, ward am 18ten
1658. Heumonats des Jahrs 1658 zum Kaiſer
zum Kai- erwählt. In dieſem Jahre gerieth in Mäh=
ſer ge-
wählet ren eine ſo reichliche Getreideerndte, daß ein
mähriſcher Metzen Korns nur 20 kr. und
Habers 8 kr. galt.

Zum Anfange dieſer Regierung genoß
1663. Mähren des Friedens bis zum Jahre 1663.
Zu deſſen Ende und zu einer Zeit, da al=
les Kriegsvolk außer Landes, Mähren alſo
ganz ohne Vertheidiger, und Neuhäusl in
Hungarn an die Türken übergegangen war,
brach von dorther ein großer Schwarm Tür=
ken und Tatarn, nachdem er den Wagfluß
übergeſetzet hatte, über das ſogenannte weiße
Gebirge in das offene Land Mähren ein,
und ſtreifte ohne Widerſtand bis faſt an
die Thore von Ollmütz. Dieſe Barbarn
mordeten alte Leute, ſchändeten das Weibs=
volk

volk, schleppten junge Männer mit sich in J. Chr.
die Dienstbarkeit fort, und hausten allent=
halben, wo sie hinkamen, auf das grau=
samste. Zwar verweilten sie sich zum ersten=
mal nicht lange; aber sie kamen in Kurzem
wieder, wandten sich über Auspitz gegen
Brünn zu, in welcher Gegend sie eben so,
wie das vorigemal, haufeten, und bei 20,000
Menschen in die Knechtschaft davon führten.
Sie machten auch bald darauf noch einen
dritten Versuch, der ihnen aber so wohl
nicht gelang, weil inzwischen Anstalten zur
Gegenwehr getroffen waren.

Im folgenden Jahre erfochten die Kai= 1664.
serlichen am 9ten Brachmonats bei Lewenz
unterm Generale Souches, und am 1sten
des Erndtemonats unter dem Grafen von
Montecuculi bei St. Gotthard in Hungarn
zween vollkommene Siege wider die Türken,
und dieser schreckbare Feind gieng darauf
einen Stillstand auf 20 Jahre lang ein;
wodurch Mähren von dieser Seite vor Ui=
berfall sicher gesetzt zu seyn schien.

Aber die Ruhe dauerte nicht so lange.
Nach verschiedenen entdeckten und bestraften
Verräthereien erregte Emerich Graf von
Tekely im Jahre 1681 einen öffentlichen 1681.
Aufstand in Hungarn, welchen die ottoman=
nische Pforte heimlich unterstützte, die end=
lich zwei Jahre darauf im Jahre 1683 gar
den Frieden brach, und ein ungeheures Heer
vor Wien sandte, von welchem viele Hau=
fen das offene Land weit herum durchstreif=
ten, und auch Mähren an den Grenzen von

O 2   Oe=

3. Chr. Oesterreich mitnahmen. Doch das Heer der Feinde ward von Wien glücklich weggeschlagen, und fünfzehn darauf erfolgte Feldzüge waren fast durchgehends so sieghaft, daß in dem im Jahre 1699 getroffenen Friedensschlusse ganz Hungarn nebst Siebenbürgen unter den Scepter des Kaisers gebracht, der bisher aber so nahe gewesene Feind aber in ferne von diesem Lande abgelegene Grenzen eingeschlossen wurde.

Mähren genoß aber von der Seite Hungarns nur auf kurze Zeit der Ruhe. Der Umstand, daß Kaiser Leopold nach Absterben Karls des II. Königs in Spanien, des letzten Mannes der diese Monarchie beherrschenden östreichischen Linie, in einen schweren Krieg um die Nachfolge in dessen hinterlassenen Staaten verwickelt war, schien einigen mißvergnügten Hungarn ein schicklicher Zeitpunkt zu Ausführung ihrer bösen Vorsätze zu seyn; und sie brachen mit einem großen Anhange in eine offenbare Rebellion aus. Kaiser Leopold verstarb darüber nach vielen in dem angegangenen Kriege erfochtenen Siegen am 5ten Mai des Jahrs 1705 im 65sten Jahre seines Alters, und seine hinterlassenen Reiche trat an

Joseph I.

sein erstgeborner, schon längst zum König in Hungarn und Böhmen, auch des römischen Reichs gekrönter Sohn. Gleich im ersten Jahre seiner Regierung machten die rebellischen

schen Hungarn, deren Haufen zu viele waren, als daß ihnen allenthalben Widerstand hätte geschehen können, auch in Mähren verschiedene wiederholte Einfälle, und verheerten einen großen Theil des offenen Landes an den hungarischen und österreichischen Grenzen.

Die größeren Heere der Rebellen wurden zwar zum öftern geschlagen; aber da dieses tiefer in Hungarn geschah, so hinderten solche Siege die kleineren Schwärme nicht, daß sie auch noch nach diesem mehrmaligen Verluste ihre Einfälle in Oesterreich und Mähren an den Grenzen in diesem und folgendem Jahre zum öftern wiederholten. Im Jahre 1706 streiften sie 22 Fahnen stark bis 5 Meilen weit über die March in Mähren herein, wurden aber vom Generale Montecuculi eingeholt, und größtentheils erleget. Das folgende Jahr 1707 verschonten sie zwar Mähren, und hatten Niederösterreich in der Gegend um Neustadt zur Ausübung ihrer Streifereien ausersehen; aber zeitlich im Jahre 1708 fielen sie wieder einigemal aus der Gegend von Skalitz über die mährische Grenze herein, und setzten diesen Muthwillen fort, bis deren größter Haufe bei 22,000 Mann stark nahe bei Trentschin vom Feldmarschalle Heister gänzlich geschlagen wurde. Von diesemmale an blieb Mähren zwar von innen schon unangefochten, aber nur nach mehreren Niederlagen und erst einige Jahre später wurden sie ganz bezwungen und zur Ruhe gebracht; nämlich

kurz

J. Chr. kurz darauf, als Kaiser Joseph, der über=
all Sieghafte, am 8ten April des Jahrs
1711. 1711 im 33sten Jahre seines Alters an der
Pockenkrankheit ohne Hinterlassung männli=
cher Erben verstorben war.

Karl,

unter den Kaisern der Sechste, ein Bruder
Josephs, schon seit dem Jahre 1703 Kö=
nig in Spanien, folgte ihm in allen seinen
hinterlassenen Reichen; denn auch die römi=
sche Krone erhielt er durch einmüthige Wahl
am 12ten Weinmonats dieses Jahrs. Er
endigte den dreizehnjährigen blutigen Krieg
um die spanische Erbfolge durch den im Jah=
re 1714 zu Rastadt und Baaden mit Frank=
reich, und erst eilf Jahre hernach im Jah=
re 1725 mit Spanien zu Wien geschlosse=
nen Frieden, in welchem er sich zwar des
eigentlichen Spaniens und der Besitzungen
dieser Monarchie in den beiden Indien zum
Vortheile des Hauses Bourbon begab, sei=
nem Hause aber die Königreiche Neapel und
Sicilien, die Niederlande und die bisheri=
1713. ge spanische Lombardey zuwandte.

Das Jahr vorher hatte er in einem
Hausvertrage, den nach und nach beinahe
alle Mächte Europens zu garantiren auf sich
nahmen, die Erbfolge in seinem Hause in
Ermanglung männlicher Erben auf die weib=
lichen festgesetzet.

1716. In den Jahren 1716 und 1717 besiegte
1717. er zweimal die große Macht der Ottoman=
nen

nen in den großen merkwürdigen Treffen bei J. Chr. Peterwardein und Belgrad durch seinen Feldherrn den sieghaften Prinzen Eugen von Savoyen, und erweiterte in dem das Jahr darauf zu Paßarowitz geschlossenen Frieden sein Reich gegen Osten durch das Bannat von Temeswar und den größten Theil Serviens mit den Grenzfestungen Temeswar und Belgrad.

Der Feldzug vom Jahre 1718 in Sicilien hatte fast keinen Bezug auf die deutschen Länder, und darauf wandte der Monarch die Zeit eines funfzehnjährigen Friedens zum Wohl seiner gesamten Staaten an. Der über die Wahl eines neuen Königs in Pohlen im Jahre 1733 entstandene, noch das folgende Jahr hindurch daurende Krieg fiel nicht überall gleich glücklich aus, und die Königreiche Neapel und Sicilien waren der Preis, um welchen der Frieden herbeigebracht ward, der doch von keiner langen Dauer war. Denn im Jahre 1736 entstand ein neuer Krieg mit der Pforte an den Grenzen von Hungarn, der nach dreien meistens unglücklichen Feldzügen durch einen Frieden geendiget ward, in welchen Belgrad verloren gieng. Der Kaiser, der letzte Mann seines Geschlechts, starb am 20sten Weinmonats des Jahrs 1740, und seine bereits im Jahre 1736 an Franz Stephan, Herzogen von Lothringen und Großherzogen zu Toskana vermählte älteste Tochter

1733.

1736.

D 4 Ma-

Maria Theresia

J. Chr.

übernahm die Beherrschung der gesamten an sie gefallenen weitläuftigen Staaten. Aber ungeachtet die meisten Mächte Europens das Erbfolgegesetz des verstorbenen Kaisers, welches ihr den ruhigen Besitz ihrer Reiche zusicherte, garantirt hatten; so fanden sich doch mächtige Abkömmlinge von den Töchtern der Kaiser Ferdinands I. und Josephs des ältern Bruders des letzten Kaisers, die an gesamte diese Länder Ansprüche machten, und ihr vermeintes Recht mit den Waffen auszuführen beschlossen. Frankreich nahm dieser Ansprecher Partei. Spanien und Sardinien brachen in Italien wider die Königin los, und der König von Preußen rügte gewisse Ansprüche auf einige Fürstenthümer in Schlesien, zu deren Gültigmachung er den gegenwärtigen Zeitpunkt, da nämlich von allen Seiten Feinde gegen die allein ohne Bundesgenossen stehende Königin aufstand, am geschicktesten fand.

Dieser letzte war auch der erste Angreifer. Noch vor Ende des Jahrs 1740 brach er mit einem geübten Heere in Schlesien ein. Es war ihm leicht, das ihn keinen Vertheidigungsstand bestellte, keinen Feind besorgende Land in Kurzem in seine Gewalt zu bringen, und er befestigte sich in dessen Besitz durch den am 10ten April des Jahrs

1741. 1741 mit vielem Blute erfochtenen Sieg bei Molwitz.

In=

Indessen daß sich dieser Feind Schlesien J. Chr. ganz unterwarf, hatte der Kurfürst in Bayern sich im Jahre 1741 zuerst des Landes ob der Ens, und dann mit Hilfe eines französischen Heers des größten Theils Böhmens und der Stadt Prag bemächtiget. Dieser Feind ward aber theils noch in diesem und theils im folgenden Jahre aus allen diesen Vortheilen wieder hinausgeschlagen, und empfand das ganze Uibel des Kriegs bis zu dessen Ende in seinem eigenen Lande. Die preußischen Völker betraten noch im Christmonate des Jahrs 1741 das Land Mähren, kamen am 25sten vor der Stadt Ollmütz an, und bekamen dieselbe am 27sten mit Ergebung ein. Von dannen eilten sie in die Gegend von Brünn, und bald breiteten sie sich in alle Gegenden des Landes aus, streiften auch eine gute Strecke in Oesterreich bis an die Donau hinein.

Der König selbst traf bei diesem zur Zeit der Einrückung vom Feldmarschalle Schwerin befehligten Heere schon im Jäner ein, und einige Regimenter Sachsen hatten sich mit den Preußen vereiniget. Die Absicht des Feindes schien zu seyn, sich der Stadt Brünn, des einzigen Plazes im Lande, der noch nicht in ihrer Gewalt war, zu bemächtigen. Aber das Heer der Königin rückte zu Anfang des Aprils aus Böhmen über Znaym zur Rettung Mährens heran, und die Feinde, die schon auf die erste Nachricht von dessen Anzuge sich zeitlich aus Oesterreich und von dieses Landes Grenzen gegen Brünn zurückgezogen hatten, brachen auch aus dieser Gegend am 7ten dieses Monats auf, und wandten sich auf verschiedenen Wegen in Böhmen. Dahin folgte ihnen das Heer der Königin unter den Befehlen Herzog Karls von Lothringen nach, nachdem es vorher eine Wendung nach Olmütz gemacht, und den allda gestandenen feindlichen Haufen unter dem Prinzen Dietrich von Dessau aus dem Lande hinaus bis gegen Troppau verdrängt hatte.

Es erreichte das preußische Heer in der Gegend von Czaslau, und hier erfolgte am 17ten Mai ein Treffen, worin jenes der Königin im Anfange große Vortheile erhielt, am Ende aber dem Feinde das Feld lassen mußte. Der Verlust war ziemlich gleich, und in Kurzem darauf, nämlich am 11ten Brachmonats, kam zu Breßlau ein Frieden zu Stande, kraft welchen dem Könige das Herzogthum Schlesien größtentheils, so daß der Oppafluß ungefähr die Grenze machte, samt der Grafschaft Glatz überlassen ward.

Nach Abfertigung dieses Feindes siegte die Königin, die damals schon beinahe ganz Bayern in ihrer Gewalt hatte, fast allenthalben; besonders da der König in England ihr zu Hilfe gekommen, und Sardinien auf ihre Seite getreten war. Ihr Heer war im Jahre 1744 schon über den Rhein gesetzet, und griff Frankreich in seinen Provinzen an, als der König von Preußen unter

ter dem Vorwande, den Kaiser (*) nicht un- J. Chr.
terdrücken lassen zu dürfen, in der That aber
eifersüchtig über das Glück der Königin, den
Breßlauer Frieden brach, und feindlich in
Böhmen einfiel.

Das siegende Heer der Königin mußte
demnach über den Rhein zurück, und dem
bedrängten Böhmen zu Hilfe eilen, bei dessen Erscheinung auch der Feind wieder hinaus wich. Im folgenden Jahre darauf drang 1745.
es gar in Schlesien ein, und auch die Sachsen vereinigten sich später mit demselben.
Aber das unglückliche Treffen bei Strigau
zwang es wieder in Böhmen zurück. Und
nachdem es noch zweimal bei Trautenau oder
Soor in Böhmen, und dann bei Keßelsdorf in Meißen, vereinigt mit den Sachsen, nicht glücklicher gefochten hatte, ward
gegen Ende dieses Jahrs ein zweiter Friede
zu Dresden geschlossen, bei welchem der vorige Breßlauer zum Grunde gelegt wurde.

Der Gemahl der Königin Franz Stephan war indessen, nachdem Karl VII. schon
im Jäner dieses Jahrs verstorben war, am
13ten Herbstmonats zum Kaiser gewählt
worden, und der Krieg in Italien so wie in
den Niederlanden dauerte mit Frankreich
noch ferner fort. Frankreich erhielt in den
drei folgenden Jahren in Flandern große
Vor=

(*) Der Kurfürst von Bayern war im Jahre 1742
am 24sten Jäner zum Kaiser unter dem Namen
Karl VII. gewählt worden.

Vortheile, begab sich aber aller derselben in dem zu Aachen zu Stande gekommenen Frieden im Jahre 1748.

Die Kaiserin Königin, welche durch diesen Friedensschluß endlich einmal zum ruhigen Besitze aller ihrer Staaten gelangt war, ließ hierauf ihre ganze Sorge auf das Wohl ihrer Länder und Völker gerichtet seyn; und diese genossen unter ihrer weisen und sanften Beherrschung acht Jahre lang eines vollkommenen Friedens. Der König in Preußen war abermals der Feind, der ihn unterbrach. Er rückte im Erndtemonate des Jahrs 1756 mit einem mächtigen Heere in Sachsen ein, und kam von daher zu Ende des Herbstmonats in Böhmen. Das kaiserliche Heer, angeführt vom Feldmarschalle Grafen von Broune, stieß mit dem feindlichen am 1sten Weinmonats bei Lowositz zusammen, und es erfolgte ein Treffen für beide Theile blutig und ohne Sieg. Im folgenden Jahre zeitlich rückte die preußische Macht in vier Heeren aus Schlesien und Sachsen in Böhmen ein. Das eine erhielt am 21sten April einen Vortheil über die kaiserlichen Völker unter den Befehlen des Fürsten Pikolomini bei Reichenberg. Die Hauptheere stießen aber erst bei Prag aneinander, und am 6ten Mai erfocht der König über das kaiserliche einen blutigen Sieg, nach welchem er die Belagerung von Prag unternahm, in welcher die halbe Armee zur Besatzung lag. Ein frisches Heer unter dem Feldmarschalle Grafen Leopold von Daun,

mit

mit dem sich ein Theil des von Prag gegen J. Chr.
Mähren zugezogenen erstern vereinigt hatte,
rächte aber den Verlust des vorigen Tref=
fens in einem bei Kollin am 18ten des
Brachmonats, in welchem der König voll=
kommen besiegt ward. Er mußte Böhmen
räumen, die Kaiserlichen drangen in Schle=
sien ein, nahmen Schweidnitz hinweg, schlu=
gen noch ein preußisches nahe bei Breßlau
sehr vortheilhaft verschanztes Heer, bekamen
auch diese Stadt ein, und es war an dem,
daß ganz Schlesien fallen sollte, als ein aber=
maliges Treffen mit dem Könige bei Leuten
alle erhaltene Vortheile verlieren, und auch
Mähren diesen Krieg näher empfinden machte.

Schweidnitz gieng nach einer harten Be=
lagerung ungeachtet der guten Vertheidigung
des Generals von Thürheim am 15ten April
des Jahrs 1758 wieder an den König über, 1758.
und darauf wandte sich dieser mit seiner gan=
zen Macht gegen Ende Aprils aus Ober=
schlesien in Mähren, und langte am 2ten
Mai vor Ollmütz an. Ein kleiner an der
Grenze des Landes gestandener Haufen zog
sich bis Brünn zurück, und die Feinde brei=
teten sich von allen Seiten aus. Aber bald
kam das kaiserliche Heer aus Böhmen über
Gewitsch heran, und lagerte sich bei Kwa=
nowitz. Diese Stellung zwang die Feinde,
sich näher an Ollmütz zu halten, vor wel=
cher Stadt sie die Laufgräben am 17ten Mai
öffneten. Die Feinde wandten alle ihre Ge=
schicklichkeit und Gewalt an, aber die Besa=
tzung unter dem Befehle des Feldmarschalls

von

J. Chr. von Marschall that eben so viel zu ihrer Vertheidigung; und da die Generale Loudon und Siskowitz am 28sten und 29sten Brachmonats eine starke aus Schlesien anziehende feindliche Zufuhr theils in ihre Gewalt bekamen, theils verdarben, das große Heer unter dem Feldmarschalle Daun aber näher heran rückte, so mußte der König die über 7 Wochen lang fortgesetzte Belagerung aufheben, und zog am 2ten Heumonats über Littau, Müglitz, Trübau und Zwittau in Böhmen ab, wohin ihm das kaiserliche Heer ebenfalls nachfolgte.

Dieses drang das preußische in weniger Zeit darauf auch aus Böhmen hinaus, und erfochte über solches am 14ten Weinmonats bei Hochkirchen einen wichtigen Sieg. Aber der Krieg selbst, der blutigste, der jemals war, in welchem Mähren außer einigen kleinen Streifereien an der oberschlesischen Grenze von den Feinden keinen weitern Einfall erlitte, dauerte mit abwechselndem Glücke noch die ganzen vier folgenden Jahre, und ward erst durch den auf dem Schlosse Hubertsburg in Sachsen am 15ten Hor=
1763. nung des Jahrs 1763 geschlossenen Frieden geendiget, welcher den kriegführenden Mächten nur eben dieselben Besitzungen gewährte, die jeder schon vor dessen Anfang besaß.

Mähren war durch den geendigten Krieg so wie alle übrigen Länder der Monarchie, die zur Unterhaltung so ungewöhnlich starker Heere Lieferungen, Geldabgaben und Zufuhren der erstern leisten mußten, unge=
mein

mein hart mitgenommen, und beburfte der J. Ch.
Ruhe zu seiner Erholung. Diese genoß es
hierauf unter der großen für ihre Völker
stets besorgten Theresia durch eine noch lan=
ge Reihe Jahre.

Und obschon zu Anfang des Jahrs 1778
die Heere nochmals und zwar zum vierten=
mal wider den König von Preußen ins Feld
rückten, eines derselben sich mitten in Mäh=
ren versammelte, der Feind auch schon selbst
mit seinem mächtigen Heere im Felde stand;
so war doch der Feldzug dieses Jahrs nicht
sehr blutig: denn Joseph drang Friedrichen
und Heinrichen seinen Bruder ohne Treffen
über die Grenze hinaus, und die Völker er=
hielten zu Anfang des folgenden Jahrs 1779   1779.
abermals Frieden.

Theresia, die große, weise, wohlthäti=
ge, fromme Fürstin, genoß noch die Freu=
de, ihre Länder wieder in Frieden blühen
zu sehen, und starb sanft, von allen ihren
Unterthanen als Mutter beweint, nach vier=
zigjähriger Regierung am 29 Wintermonats
1780.

Joseph II.

seit dem Jahre 1765, in welchem sein Va=
ter starb, Kaiser und Mitregent seiner gros=
sen Mutter, ist der Erbe und Nachfolger
in der Beherrschung aller der weitläuftigen
Staaten Theresiens. Mähren, so wie alle
übrigen Länder, sind der Gegenstand, der
nur allein für das Wohl seiner Unterthanen
gerich=

n. Chr. gerichteten Bemühungen und Sorgen dieses Monarchen. Die Geschichte zeigt uns kein Vorbild, das durch sich selbst, so wie er, in so kurzer Zeit, ohne das Schwert zu zücken, sich allen Auswärtigen furchtbar gemacht, seinen Staaten von innen und aussen Sicherheit verschaffet, und sie durch so viele weise Gesetze und Einrichtungen so nahe zu ihrem wahren Glücke geleitet hat, das noch mehr die künftigen Zeiten empfinden und preisen werden, als es noch bis jetzt der staunende Unterthan zu erkennen und zu fühlen fähig ist.